全教科の成績が良くなる

国語の力を親が伸ばす

花まる学習会 代表
高濱正伸 著

プロが教える！
小学生の学力アップ親子作戦

KANZEN

はじめに

まず国語！

この本は、小学生の国語の力を伸ばす本です。しかも、授業論ではなく、親が子どもの国語の力を伸ばすにはどうすればいいのかという視点で書いた本です。

私は、かつて「〈算数・数学で試される思考力〉について、今まで誰もやっていなかったことをやろう」と、花まる学習会という塾を立ち上げました。それは、一言で言えば、「思考の壁」を見極めて新しい指導方法を見出そうというもので、言いかえると、「図形問題で補助線を引いたあとの説明は聞けばわかる。そうではなくて、その場で補助線が浮かばないから困っている。でもそれが浮かぶようになる方法は誰も教えてくれない。そういう今まで手をつけられなかった新しい指導を極めたい」とでもいう感じです。

ところが、そのような思いと現実には、ギャップがありました。あるとき算数の思考力を試す1問の文章題を出したところ、そもそも文章をきちんと読み取れずに困る子が大勢いるという現実にぶつかったのです。思考の壁に当たる前に、日本語・国語の壁に当たって立ち往生している子の方が圧倒的に多い。当初の夢を実現するには、まず国語指導にこそ力点を置くべきである、と感じました。

それ以降、花まる学習会では、簡単な国語の文章題プリント1枚だけだった初期の形から変革を重ね、今では古典の素読・四字熟語の一斉発声・漢字検定を軸とした漢字力養成・名文の書き写し・作文・読書指導・「ことばノート」による言葉の修得・長文読解など、様々な角度からの指導をしています。

そして18年が過ぎた今、思うのは、「国語力は、まず第一に家庭でこそ育つものなのだなあ」ということです。お父さんが一つひとつの言葉を大事にしている家庭には、論理力があって明晰な言葉づかいのできる子が育ちます。お母さんが本が好きで自然を鑑賞する目を持っていると、子どもも感性豊かで読書が大好きな子になります。

小学生の全学力をアップさせるためには、どんな教科よりも「まず国語!」。これには絶対の自信があります。そして、そのためには、「親の言葉と接し方」なのです。

本書には、具体的な指導方法や言葉かけの仕方がたくさん書かれていますが、肩に力を入れすぎず、大らかな気持ちで取り組んでいただければと願っています。

花まる学習会　高濱正伸

もくじ

全教科の成績が良くなる
国語の力を親が伸ばす

1章 学力の決め手は国語だった

3章 国語力アップへ!
お母さんにしてほしいこと・してほしくないこと

カバーイラスト…ほり みき　カバーデザイン…寒水 久美子

漢字学習とＮＧ母さん

今日はなんか
気持ちが悪い…
気持ち悪いならしょうがないわね…
うん
やった!!
中1になって…
ハイテスト…
どれどれ
計算はできるのに文章題が0点!!どういうこと!!
だっていっぱい読めない漢字があるんだもん!!
××××…

漢字学習と花まる母さん

今日はなんか…
気持ちが悪い…
気持ちが悪いんなら漢字だけはやりなさい
ざんねん…
終わったー!!
やったー!!
よかったね!!
がんばったね
中1になって…
ハイテスト
あら90点!!
文章題の方がおもしろいよ!!
そっか
漢字をやらせてよかったぁ!!

国語力がアップする！ 親子マンガ 2

察しの悪いお母さんになろう

おーい お茶!!
お茶が どうかしたの?
えっ?
お前こそ どうかしたの?
単語ことばは やめてね
健太が まねをするから
健太のためか
お母さん お茶をください
ハイ!!

そして・・・
牛乳!!
牛乳がどうかしたの?
あのー牛乳を飲みたい
それで?
牛乳を飲みたいから牛乳を持ってきてください
ハイ、どうぞ
ありがとう
ナルホド・・・

国語力がアップする！ 親子マンガ 3

［お手本はお母さん］

どれどれ…
「あたしてきにはー
おいしいものを
たべれたので
ぜんぜん
よかった」
なによー この作文!!
ギク
だってー
お母さん
こういうふうに
言ってたじゃない!!
あたし的にはー
食べれないから…

子どもを読書好きにする方法

マンガばかり読まないで ふつうの本を読みなさい
も一っ!!
だってー おもしろいんだもん…
ある日…
「親が本を読んでいる姿を見せると子どもも本を好きになる」
う〜む…
そっかー!!
よし やってみよう!!
そして…
真剣…
おかえりー
ただいまー
もくもく…
ねー!!
お母さん!! ごはんまだー？

これ読み終わったら作るから
ちょっと待ってね!!
へー めずらしい
じゃあ ぼくも読もっと…
シメシメ うまくいったぞ
ニッ
そ〜〜…
やっぱ
ダメか!!
?
ごはん?
マンガ
マンガ

読めない子

ヒソ ヒソ
ヒソヒソ
ヒソヒソ
バッ!!
いらっしゃい おばさん!!
ドキッ
ドキッ
そうだ 由香ちゃん
庭のお花に お水をやってきて!!
さっき やったから いいよ
そうだ!! 今晩 オムレツを 作るから 卵買ってきて!!
冷蔵庫に卵いっぱい あるから 買わなくて いいよ
?
もーっ!! あっち いきなさい!!

1章

学力の決め手は国語だった

1 学力の土台・国語力を伸ばすのは親

問題の文章が正しく読み取れない

私は、小学生に算数を教え始めた頃、計算はそこそこできるのに文章題はさっぱりできない、という子がたくさんいるということに気がついたのです。これはどういうことだろうと思って、その子たちに、「算数の文章題がわからない理由ってなんだろう?」と問いかけて、その理由を調査したことがあります。

理由はいくつかあったのですが、それを分析したところ、その理由の7割くらいが文章そのものを正しく読み取れていないために文章題ができない、ということだったのです。

図が描けないとか、式が立てられないとかという算数的な課題以前に、日本語で書かれた問題文そのものが正しく読み取れない。だから、算数の世界に入れない――この結果には愕然としました。そして、〝これは国語力が勝負だな〟と現場で切実に感じました。

そこで、他のいろんな教科の講師たちに聞いてみたのですが、それぞれの講師がみんな同じような悩みを持っていることがわかりました。

高学年以降は、あらゆる教科のテストはすべて文章題になります。その文章が読み取れない、あるいは、その中の一つの単語の意味がわからない。そうなると、何を聞かれているのか、どういう答えが求められているのかがわからない。だから国語以外の算数でも理科でも社会でも、そもそも問題の中に入れない。これは、深刻な問題でした。

それを現場でひしひしと感じたのが、花まる学習会として、国語に力を入れ始めた原点です。

国語ができると圧倒的に有利

例をあげますと、たとえば社会の問題で、「発展途上国」という言葉が出てくると、「発展途上国」とは何かがわからない。あるいは、算数の問題で、「飛び石があります」という問題が出てくると、「飛び石」がどんなものかがわからない。そうなると、問題そのものがわからない。これは社会や算数以前の国語力の問題です。

国語力があれば、たとえ「発展途上国」という言葉に初めて出会ったとしても、その言葉のおおよその意味の見当をつけることができるでしょうし、少なくともその問題がどういう答えを求めているかは読み取れるでしょう。そうなれば、問題に入っていけます。

さらに、文章題には、その問題の答えの一部分が含まれていることがよくあります。その場合、文章題を正確に読み取ることができれば、そこから推理することで正解に一歩近づけるのです。

お母さんたちも覚えていらっしゃると思いますが、小中学生の頃、勉強ができる子というのは、たいてい国語がよくできる子だったのではないでしょうか。テストの問題はすべて国語で書かれているのですから、それは当然のことなのかもしれませんが、さらに一歩踏み込んで考えると、国語ができる子は、問題文に込められた出題者の意図が読める、だから、どんな種類の答えが求められているかの見当がつくということもあるように思います。

読解力のある子は他の教科の伸びもいい

国語が全学力の基礎であることを教えてくれる実例を紹介しましょう。

進学校のある県立高校が、私立に負けない「結果」を求められて、一つの試みを始めたのです。その試みというのは、国語の長文読解テストの点がいい子だけをピックアップして、その子たちに全教科の特訓をやる――というものでした。そうしたら、実際に成果が上がり始めて、大学入試の合格率が上がったのです。これは、ある予備校で実際に行われているやり方だそうです。国語ができる子、長文を緻密に精読できる子は、努力すれば他の教科も伸びるということを裏付ける実例です。

国語はまちがいなく学力の基礎です。ですから、義務教育段階では、国語ができることが圧倒的に有利です。高校生になると、数学ではいわゆる数学的な思考力が試されるようになるのですが、それも国語の基礎があってのことです。

[はみだし 子ども川柳] たちばなし とってもながい おかあさん (小4 S.K.)

国語力を伸ばすカギは家庭にある

すべての学力の基礎になる国語力ですが、この国語力を伸ばすカギは家庭環境にあると私は見ています。学校より家庭での影響の方が大きいのです。

具体的に言うと、親が子どもに対する接し方に配慮すると、子どもの国語力は大きく伸びるということです。

そう考えるようになった最初のきっかけは、私が中学3年生を教えていたときに、子どもたちに、「お父さん、お母さんは本を読む人ですか?」と聞いてみたことです。子どもたちはそれぞれ、「とてもよく読む」、「ときどき読む」、「全然読まない」というふうに答えてくれたのですが、その答えと子どもの国語力が正比例していたのです。「とてもよく読む」と答えた子どもたちはみんな国語の成績がいいのです。

それでは、と思って、次の機会に、「お父さん、お母さんは辞書を引く人ですか？」という質問をしてみました。子どもたちは、「よく引く」、「ときどき引く」、「全然引かない」と答えてくれましたが、その答えと子どもの国語力がやっぱり正比例していたのです。

親が本を読むとか辞書を引くというのは家庭文化と言ってもいいと思いますが、その家庭文化が中3の子どもの国語の成績に直結しているのです。そのとき、決定的に、「国語の決め手は家庭文化だったんだ！」と気づきました。その後たくさんの子どもたちを見てきましたが、ますますその確信を深めています。

各教科を制覇するベースは国語

大学に行くまでだけに絞り込んだとしても、やっぱり各教科を制覇するベースは国語なのです。出題者の言っていることに焦点を当てて、正しく読み取るということができないと、問題のゲートに入れない。

ほんとうにそれで困っている子を、私はいっぱい見てきています。だから、国語力をしっかりつけるというのは、非常に大事です。

ちょっとひねった問題になると、もうまったく読み取れなくなってしまう子どもたち。算数の問題なのに、算数以前の、日本語で書いてある問題の意味がきちんとわからない子どもたち。たとえば、速さの問題が出た場合に、速さというのはこういうことですと明確に言葉で言えるぐらい、きちんと理解していないと問題に入れません。

こういうことが、算数だけでなく、すべての教科に当てはまる。そういう意味で、成績を伸ばすということに絞り込んだとしても、何と言っても国語が大事なのです。

入社試験でも国語力がモノを言う

さらに言えば、国語力は世の中に出てから、さらに大事なものになります。とにかく、最初の入社試験の段階で国語力のない人はつまずいてしまう。

企業はどういう人を採用するのか？　やる気のある人？　もちろんそうですが、みんなやる気のあるようなことを言いますし、そもそもやる気のない人は初めからこないですから……。これは採用の決め手になりません。

今の企業は、自分の言葉で自分の考えが言える人を求めているのです。やる気はごまかせますが、これはごまかしが効きません。

今の若い人たちはマニュアル世代だから、ほとんどの人がマニュアル本にあるようなことを言う。でも、企業の側はそれを知っていますから、そういう人は採りません。企業は、自分の生き方にこだわって、ひと言でもキラッと光る言葉を言えた人を採ります。

企業というのは、考える力を持っている人、自分の言葉を持っている人を採ります。うちでも毎年社員を採用していますから、若い人たちがマニュアル本のとおりに、みんな同じことを言ってくるのには閉口しています。そんな中で、自分の言葉で、独自のことが言える人がいると、拍手したくなるくらいうれしいですね。それは問題意識を持っている証拠です。

人は考える動物ですから、国語力は単純に知識の量だけではなくて、問題意識とか、問題を解決する論理的思考とか、人の生き方のすべてにわたって影響する、まさに生きる力そのものなのです。

国語は生きる力の土台

会社での仕事というのは相手にわかってもらうことだらけです。たとえば、いつまでに何をどうするかを相手にきちんと伝えるという、たったそれだけのことでも、できない子がいます。思考の枠組みがない子は、そのとき自分が思いついたことだけをパッと言って、それでおしまいなのです。これをいつまでにやるの？　一人でやるの？　誰かと組んでやるの？　そういうことをいちいち聞かなければわからない。そういう人はもう社会人として通用しません。

そんな中で、詰めるべき情報を過不足なく詰めきって、ちょっとキラッと光る言葉を使う人、いつでもユーモアをまじえながら相手に自分の意思を伝えられる人は、とても魅力的で、「この人と仕事をしたいな」と思わせられます。同じものを頼むのでも、「あいつに頼もうかな」と思うし、「今度の出張にはあいつを連れて行こうかな」とか、「彼を部下にほしいんだけど」という風になりますね。そういう意味でも、国語力は生きる力の土台なのです。

家庭の主婦になっても、子どもに対する言葉の使い方がいいと、子どもの言葉の力も伸びるし、夫との会話も味わいのあるものにできるでしょう。

小学生で英語を学ぶとしても、母国語を土台にして学ぶわけですから、日本語の土台があやふやだったら、英語なんてできるわけがない。

どこから考えても、国語が生きる力の一番の柱だと思います。

人間にはいろんな本能がありますが、男性は女性を、女性は男性を獲得して、家庭を営むという本能があります。しかし、本能だからといって、ボーッとしていたら自然にそうなるというわけではないので、相手を口説かなければならない。ここでも言葉の力が物を言います。自分の気持ちを言葉にして、異性である相手に伝える――これが上手にできれば、相手はグラッとくるわけです。これにも相当高度な国語力が要求されます。

わが子を魅力的な話し手に育てよう

言葉でのコミュニケーション能力で、強力な武器となるのが、比喩表現です。比喩をうまく使っている人の話はわかりやすく、いきいきと相手に伝わります。いきいきと話せば、その人の印象も良くなるものです。

これを支えるのはさまざまな感動体験や普段の練習でしょう。家庭では、「まるで○○のようだね」とか、「○○のような△△」というような比喩表現を親が意識的に使って話すようにしましょう。たとえば、「抜けるような青空」、「目にしみるような新緑」、「燃えるようなもみじ」、「水を打ったような静けさ」といった表現です。

「すっごーい」や「超でかい」のようなありふれた平板な表現ばかりしていると、子どもは魅力的な話し手からどんどん遠ざかってしまいます。

今はほとんどの若い人がケータイの電話とメールでやりとりしていますが、メールの場合、短い文章で伝えるから、かえって国語力の差がはっきり出るような気がします。

言葉で気持ちを伝える力が落ちている

漢字を読み間違えて、笑いものになった日本の首相がいましたけれど、日本人全体の国語力が落ちている象徴でしょう。中身がある人でも、漢字一つ間違えるだけで、本当にガクッと格落ちして見えますから、こわいですね。国語力の低下は国全体の問題なのです。

今は、婚活と言って、男女が出会いを求めているようですが、実際には男も女も出会いがないとぼやいていますね。でも昔に比べたらずいぶん男女の出会いは増えています。

出会いがないというのは言い訳で、やっぱりコミュニケーション力、つまり言葉で気持ちを伝える力が落ちているのだと思います。出会っていて、「知人、友人」としては接していけても、「おつきあい」の段階にステップアップさせる力が、心理面でも言葉のスキルの面でも足りないのだと思います。

女性の方が言葉を大切にするところがあって、言われた言葉のニュアンスをすごく気にするし、言葉に込められたやさしさや思いやりのようなことに敏感に反応しますね。そういうことから言えば、とくに男の側は、会話の中での国語力をレベルアップする必要があります。とくに、「自分の言いたいことを筋道立てて言う」という面ではなく、「相手の気持ちをくみとる」という面での国語力がないと、女性に逃げられるでしょうね。

同じ意味で、夫婦が理解し合えないという大きな問題があります。夫婦も結局言葉で理解し合わなくてはいけないのですが、お互いのコミュニケーションがうまくいかないのです。

夫の側は問題点を明確にして、それを論理的に解決したい。原因は何で、結論はこうだ！ でも、妻が求めているのは別のことなのですね。妻が求めているのは、聞いてほしい、わかってほしいということなのです。つまり、気持ちのやりとりをしたいのです。だから、どうも夫婦の会話がかみ合わない。

その違いに、いつになったら気がつくのでしょうか？ 老夫婦になっても、かみ合わないままという夫婦も少なからずいるようです。

2 「読む力」をつける

精読力とイメージ力

さて、このようにすべての学力の土台になる国語ですが、その国語の力を家庭でわが子につけてやるためにはどうすればいいのか、という問題に入ります。

国語力には、読む力と書く力という二つの大きな柱があります。

まず、読む力からいきますと、文章を読んで、それをイメージとして思い浮かべなければならない。想像力とかイメージ力というものですね。これは、「思いありません。ある段階にこないと、本人の中でイメージがわいてこない。それをどう育てるかという課題が一つあります。

これは、教室で先生に教えてもらうというわけにはいきません。このイメージ力を育てるのは、ズバリ、経験と体験です。その中でも外遊びは重要です。外の自然という、多様で変化に満ち、三次元イメージにあふれた中で、熱中して遊ぶこと、これほど子どものイメージ力を育ててくれるものは他にありません。

もう一つは、国語力という場合に、適当に流し読みや飛ばし読みをしていてはダメだということです。漠然と本を読むというのでもない。一字一句読み落とさないで、きっちり読み取らなければならない。これを精読力と言います。絶対に手を抜かないで意志的に緻密に読む力、そして、要するにこの文章はこういうことを言いたいんだということを正確に理解する要約力ですね。

この精読する集中力と、先ほど言いました、具体的な情景を思い浮かべるイメージ力の両方が大事なのです。この二つの力をどこで育てるかというと、まずどことよりも家庭なのです。

夫婦の会話、親子の会話。子どもは耳で聞いて、イメージを浮かべ、その内容を理解する。そして、それを何度も何度も繰り返すうちに、言葉の文字通りの意味はもちろん、その裏にも別の意味があることがある、ということにも気がついていく。言葉の持つニュアンスがわかるようになる。つまり、読むというのはそういうことです。「読みが深い」とか、「読まれている」とか言いますが、その「読み」です。

相手が言ったことを感じないで、言葉の表面だけを聞いている子がいますが、そういう子は問題文は一応読めても、その文が結局何を言いたいのか、どんな答えを求めているのか、ということを正確に理解できないのです。

読める子・読めない子

わかりやすい例で言いますと、たとえば親戚のおばさんがきていて、そこへ顔を出したら、お母さんが、「ああ、そうだ、○○ちゃん、庭のお花に水をやってきて！」と、普段言わないようなことを言ったとします。

そのとき、ハッと気がついて、「はい」と言ってその場をはずす子は、「読める」子です。子どもは、「何かわからないけど、大人が子どもに聞かせたくない話をしているんだな」と、言葉の裏の意味を感じ取っているのです。国語のテストには、こういう「読み」を試す問題がイヤと言うほど出てきます。

ところが、「さっき水をやっといたから、いいよ」と言って、その部屋に居続ける子は、「読めない」子というわけです。

こういうことは、日常の家庭生活の中でいっぱいあります。ということは、子どもの言葉の力を鍛えるためのチャンスが家庭生活の中にいっぱいあるということとでもあります。

子どもの「どうして？」には必ず答えてやる

もう一つ知っておいてほしいのは、人の話をしっかり聞く、少しでもわからないことがあったら、「それ、どういうことですか？」と聞いてくる子と、人の話を適当に聞いて、わからないことがあっても聞かないで流してしまう癖がついている子との差は、将来大きく開くということです。

相手の言うことをしっかり聞いて理解したい、、きちんとわからないと気がすまない、という気持ちは、問題の文章全体を間違いなく読み取ろうという精神、つまり精読力につながります。

わからないことを知りたい、なんでもわかりたい。だから、大人をどんどん質問攻めにする。子どもというのは本来そういう生き物です。ところが、なぜかそれをやめてしまっている子どもがいる。私はここにも家庭文化の影響があるのではないかと思っています。

子どもが小学生くらいになったら、親子がお互いにきちんとわからないと気がすまないという会話の習慣をつけておくといいですね。

それと、子どもが、「どうして?」とか、「それなに?」と聞いてきたら、親は必ず答えてやるという習慣をつけることです。もちろん、親にも答えられない問いがあるでしょうが、そういうときは、「うわぁ、いい疑問だね。お母さんにもわからない。いっしょに調べてみようか?」とか、「後で調べて教えてあげるね」というふうにして、わからないことをわからないままにしておかないことです。

お母さんにも言い分はあって、片づけだ、料理だと忙しいときに、あれこれ聞いてこられても、まともに取り合う余裕がないということは、よくわかります。しかし、そこでのやりとりこそが、将来のわが子の学力全般に影響するとしたらどうでしょうか。

忙しいときに子どもにわからないことを聞かれても、「忙しいのに、ヘンなことを聞かないでよ！」ではなく、「すごいことを考えたね！」と、まずは良い好奇心を持ったこと自体を認めてあげたうえで、「すぐにはわからないけれど、かならず調べてみようね」と、これからのやる気につなげてあげてください。

低学年の子どもたちは、見聞きする多くの言葉に興味を持っています。大事なのは、若葉のようにエネルギッシュな子どもの好奇心をそいでしまわないこと。「〇〇って何？」には、大人がしっかり答えてやりましょう。

「子どもとはよく会話をしています」と言うお母さんが多いのですけれど、ちゃんとした会話ができているかどうか、というところが大切なのです。

わからないことがあったら、「それ、どういうこと？」、「どういう意味？」と言って、お互いに納得して会話を進めることですね。親としては、「それ、どういうこと？」と聞くと同時に、子どもが怪訝な顔をしていたら、「今言ったことわかる？」と子どもにたしかめて、わからなかったら、わかるように説明してやる。これをきちんとやる家庭と言いっぱなし、聞きっぱなしの家庭とでは、子どもの読み取る力に大きな差がつくのは当然のことです。

おすすめナンバーワンは外遊び

さらに大事なのは体験量とそこから出てくる基礎的な知識です。文章を読み取るというときに、どう考えても広い知識のある子の方が圧倒的に有利ですから。その意味では、子ども同士や親子での外遊びがお勧めです。

時々刻々と変化する自然の中で、人と人がいっしょに遊ぶとき、子どもは知らず知らずのうちに多様な経験をすることになります。太陽の光を浴びて、けんかしたり、仲良くなったり……、木や草のにおい、風に吹かれて、数え切れないほど多くの体験をします。その体験の質と量は膨大なものです。それは子どもの国語力に直結するのはもちろんですが、それを超えて、子どもの「生きる力」を鍛えてくれます。

ただ、今は一緒に外遊びをする仲間が少なくなりました。だからといって、子どもが一人で散歩に出かけるようなことはありません。ですから、親が子どもを散歩に連れ出してやるといいでしょう。

家庭内のいろんな問題、経済的なこととか仕事のこと、近所づきあいのことなども、変に子どもに隠さないで、夫婦で自然にやっていれば、子どもは子どもなりに理解して、それも体験として蓄えていきます。それは人の心や人それぞれの事情を理解するという国語力の重要な要素でもあるのです。

家族で自然の中へ

いろんな体験をするという点では、家族旅行もいいですね。

視界のすべてが水平線という広々とした海を見る。海から太陽が昇り、また海へ落ちていく。山で御来光を見る。茜色の夕焼け。秋の空に浮かぶウロコ雲。人の背よりも高い積雪。何でもいい、普段経験したことのないことを一度でも経験した子どもは違います。

［はみだし子ども川柳］ かぞくはね やっぱりいいね おちつくね（小2 H.M.）

たとえば、「朝焼け」という言葉が出てきたとき、朝焼けを見たことのある子どもは、サッとイメージが浮かびます。見たことのない子は頭ではわかっていても、イメージが浮かびません。「経験したことがないことはわからない」のです。ですから、子どもにできるだけたくさんのことを経験させてください。それには、自然の中へ連れて行って遊ぶことがベストです。

自然は千変万化。木の葉一つとってみても、一本の木にたくさんの葉が生えていますが、どれ一つとして同じ葉っぱはありませんね。子どもは自然の中にいるだけで、無数の体験をすることができます。ディズニーランドも悪くはないですが、できるだけ子どもを自然の中へ連れ出してください。

多様な経験をした子ほど読解力がある

そういう経験に加えて、百科事典を見たり、地球儀にさわったり、何でも積極

サマースクール風景

野外体験が国語力、全学力、生きる力を鍛える

雪国スクール風景

体験しないことはわからない！　雪国で思い切り遊ぶ子どもたち

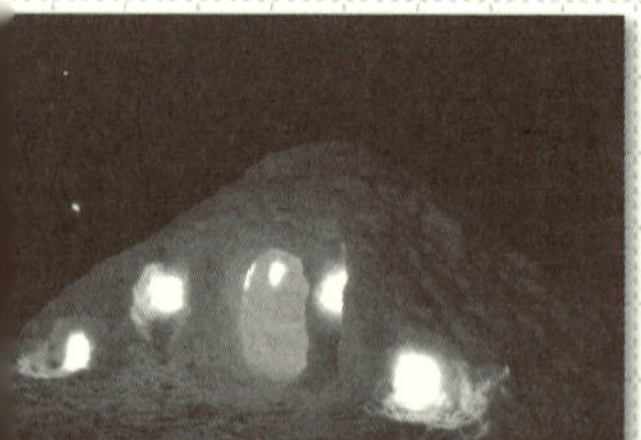

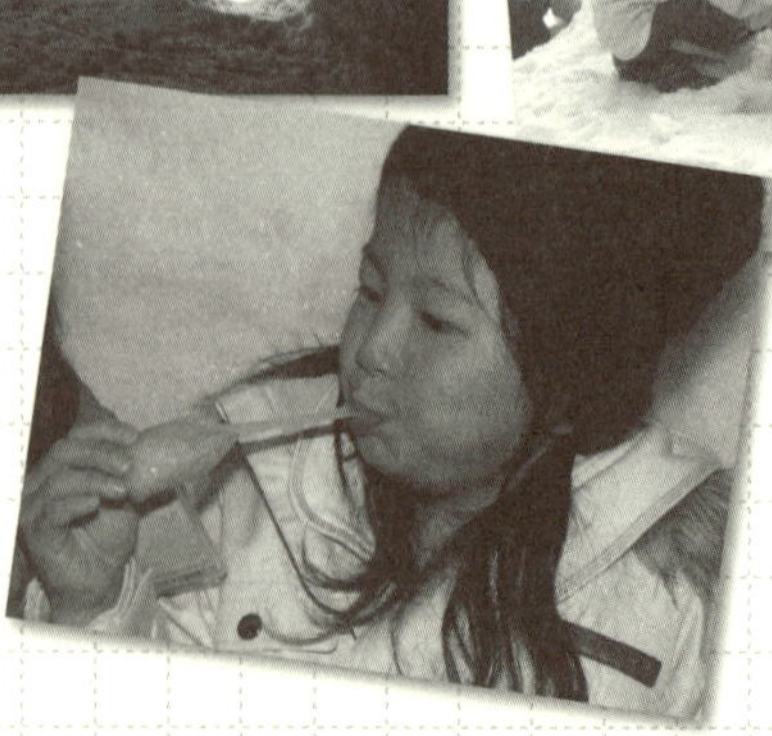

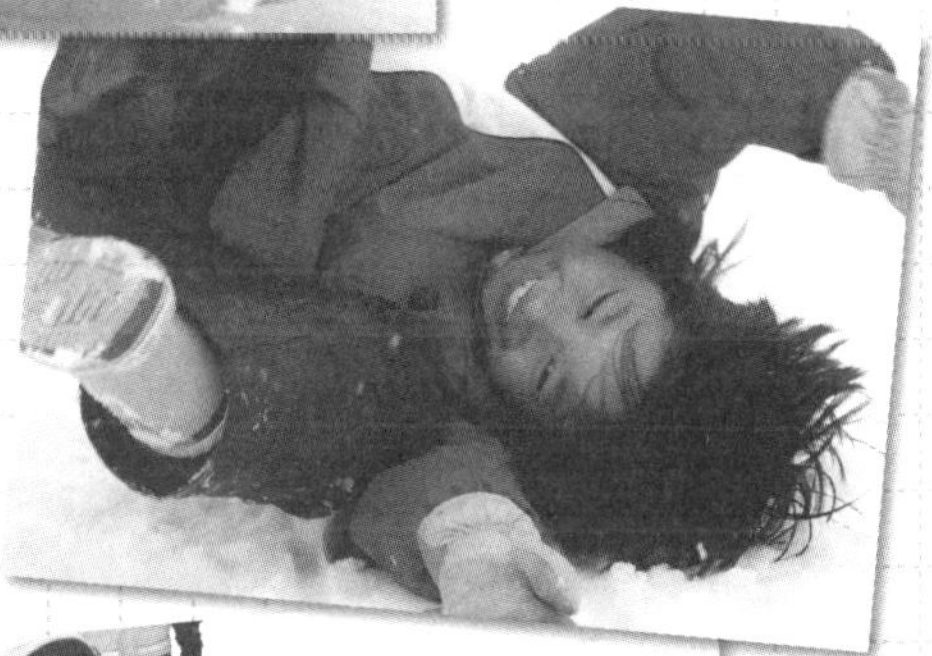

的にさせましょう。

　プラモデル、ゲーム、パズル、それから手や足を動かすボール遊び、縄跳び、大縄跳び、どんなことでも経験がものを言います。「大縄に足が引っかかって、悔しくて泣いた」という文章が出ても、やったことがない子にはイメージがわかないのです。ですから字面は読めても、「何か、よくわからない」ということになってしまいます。

　イメージがわかなくてわからないという端的な例をあげましょう。

　中学入試の国語の問題で、初恋の淡い想いを書いた文章があって、「なぜこの子は校舎の影でじっと見ていたのでしょうか？」という問いがあったのです。これ、女の子は全員わかります。男の子でも早熟型の子が半分くらいいて、これもわかります。ところが、おくての男の子はいくら考えても、これがわからない。それで、「臆病だから」というような解答になってしまう。だから、中学入試というのは、おくての男の子には向かないのです。

　ある段階の経験をしていないから、まったく読み取れない、ということが子どもにはよくあります。だから、いろんな経験をしている子ほど、文章の読解力があるということになります。家の中でじっとしている子より、外に出て、遊びをたくさんやって、家族でいろんな経験をして、友だちとの豊かなつきあいをしている子の方が有利なのです。

子どもたちを教えていて、「えっ、こんなことも知らないの？」ということもよくありますからね。たとえば、思いつくままにあげますと、もちつき、羽子板、田植え、わらじ、缶切などを知らない子が結構います。しかし、これらはテストによく出てくる言葉なのです。

蝶のさなぎがどういうものだということは、一応習いはするものの、実物を見たことがない子には、それがどんなものなのか、色、大きさ、硬さ、重さなど、まったくわかりません。図鑑で見たことのある子はまだましなのですが、それでも本当の大きさや質感がわからない。実物を見たりさわったりしたことのある子との差は歴然としています。

読解力をつけるおもしろトレーニング

文章を読み取る力をつけるために、花まる学習会では、「さくら」と名づけたテキストを使っています。

これは「読み取る力」は「聞き取る力」の土台の上にこそある、という考えで作られた指導法で、著作権が切れた、いわゆる名作の一節を読み聞かせるというものです。それを、「よく聞いてね」と言って読んでいって、「はい、ここまで。ここで質問をします」と言って、その文章の細かい部分がどうであったかを聞きます。

たとえば、「○○さんが買い物をするために雑貨屋さんに入っていったとき、店の奥から出てきたおばさんはどんな服装をしていましたか？」。というような質問をします。

これは、ちゃんとイメージを思い浮かべながら、しっかり聞いていないと答えられません。

あるいは、「主人公の僕は、お母さんと弟と3人で歩いていったのだけれど、弟はお母さんの右側にいたでしょうか、左側にいたでしょうか?」というような質問をします。

ただぼんやりと聞いていた子は、「え? そんなのわからないよ!」となって、こういう質問には答えられません。でも、その文章には、「僕は右手でお母さんと手をつないでいた」と書いてあるのです。そうすると、弟は反対側にいることになるから、弟はお母さんの右側にいた、ということがわかります。それをイメージとして浮かべられた子には、これは簡単な問題なのです。

こういうことをやると、子どもの聞く力、ひいては文章の読解力がすごく伸びます。

これは子どもたちも大好きで、面白がってやります。低学年は耳学問の時代なので、最初はお母さんが読んで子どもが聞くという形でやりますが、学年が進んで自分で読めるようになったら、黙読させて質問をするという方法をとります。

読み聞かせて質問をするというこの方法は、お母さんにもやりやすい方法ですし、子どももいやがらないと思いますので、ぜひやってみてください。あくまで、いっしょに楽しむという遊びの感覚でやってください。長文読解力をつける訓練という感じになると、子どもはついてきません。

ただし、ある種の集中力を要するので、寝る前の読み聞かせではやらないでください。寝る前にやると、目がさえて、寝られなくなるおそれがあります。それぐらい、これは脳を活性化させるようです。

精読力をつける音読打率ゲーム

私は、塾という現場で長く子どもたちの勉強を見ていて、国語でも算数でも長文の問題ができない子は、音読をさせたときに穴が開くということに気がつきました。音読力のなさがそのまま精読力のなさにつながっているのです。

あるとき、中3で浦和高校へ行きたいという子がいました。その子はちょっと変わっていて、数学や理科はいいのですが、国語の成績が良くない。その子に音読をさせてみたら、穴だらけなのです。そこで、音読打率ゲームを徹底的にやりました。

これはその子の国語力を伸ばす方法として成功しました。

音読打率ゲームのやり方を説明します。

分量は自由ですが、たとえば、約40字で50行ほどの問題文を用意します。それを音読させて、ちょっとでもつかえたり、読み間違えたり、読み飛ばしたりしたものを、聞いている側がチェックします。そして、行数分のチェックの数を出します。

現場でやった感覚としては、ふつうは50行で20カ所から30カ所ほど読み違えてしまいます。ちなみに、判定基準も大事で、ちょっとつかえたり、読み間違えかけてすぐ訂正したものも、すべてカウントしていきます。50行でチェックの数が5つ以下の人は、トップクラスの中学や高校へ行ける人です。

人間は50行も読んでいると、どこかで立て続けに間違いをやってしまうものです。おもしろいもので、1回間違うと、続けて間違いをやるのです。「しまった!」と思ったり、「間違わないようにしなくちゃ」と意識したりすると、かえって、また同じような間違いをやってしまいます。つまり、心理的にもフワフワぶれることなく、安定した集中を維持して読み続けなければなりません。

これは、相当効果があります。

用意する問題文は、国語の長文問題のようなものが適していると思いますが、なければ何でもいいです。新聞の署名コラムなどでもいいでしょう。

音読打率ゲームをやれば、国語の力がどれくらいあるかがはっきりわかります。正確で緻密な音読が、正確で緻密な黙読につながるのです。

「さくら」と音読打率ゲームというこの二つの方法は、今まで精読力を育てるのに、具体的に効果があったやり方です。

本を読んだら、あらすじを聞く

それから、子どもが本を1冊読み終えたら、お母さんは、「それはどういうお話だったの?」と聞いてほしいですね。これは、物語の内容をわかりやすく要約する力を育てます。

たとえば、浦島太郎の話を読み終えたら、「浦島太郎が亀を助けたら、亀が竜宮城へ連れて行ってくれて、そこで楽しんだけれど、帰ってきたら、すごく年を取っていたという話」というように、何が何してどうなったという物語のあらすじを言わせる。このように要約する力が、長文の読解力に直結するのです。

これは学年が上がってきたら、さらに「テーマ性」に焦点を当てることが課題になります。たとえば、芥川龍之介の『トロッコ』という作品の要約では、「良平が、夕暮れの村までの道を、一人で帰ってきた話」ではなく、「良平が、夕暮れの村までの道を、一人で走って帰ってくるという経験をする中で、初めて『本当の恐怖』に直面する話」というようにまとめさせることを目標にします。

　人のお話を聞いたときの報告でも、同じことが言えます。

「今日、講演会でピーター・フランクルという人のお話を聞いたんだよ」と子どもが言ったら、お母さんはすぐ、「どういうお話だったの？」と聞いてください。すると、しっかり聞いていた子どもは、「自分で問題を作ることは大事だ、という講演だった」というように答えるでしょう。

　本を読んでも、映画を観ても、先生の話を聞いても、短く要約できるというのは、問題文を正確に素早く読み取れることにつながります。

長文を要約できない子は国語ができない

　以前、私は国語ができない子の研究をしていたのですが、こういう例がありました。

中2の問題で、たしか外国から帰化した人の書いた文章が出たことがありました。正確には覚えていませんが、だいたいの内容は、「日本人は律儀な国民だ。全員交通信号を守っている。赤信号だと、車がこないことがわかっていても、待っている。なぜだろう？　私なら、車がこないことがわかっていたら、赤信号でも渡る。あるとき、北海道の一面見渡す限りの原野の踏切で、一時停止した軽トラックを見たことがある。信じられない光景だった。列車がこないことは、一目見てわかるはず。それなら停止する必要はない」というものでした。

その文章を要約させると、国語ができる子は、「赤信号でも渡ってもいい場合がある。自分の頭で判断することが大事」と書くのですが、国語ができない子は、「交通ルールの話」というようなことを書くのです。

的外れもいいところですが、的外れであることにすら気がついていない。どこにポイントがあるかがわかっていないのです。「相手が言いたいこと」、「書いた人が言いたいこと」に焦点を当てて聞く・読むということができないということです。こういう状態が続く限り、国語のみならず、学力の向上はありえません。

こういう子が社会へ出ると大変です。「この人の話を聞いといて」と言って、あとで、「どうだった？」と聞くと、「聞いてました！」と言う。「それで、どういう話だったの？」と重ねて聞くと、「聞いてましたけど、別に……」。これでは、怒る気にもなりません。

「聞いといて」というのは、当然「話を聞いて、その内容を知らせてほしい」ということなのですが、それが通じない。

こういう子は、まず人の話をしっかり聞くという基本ができていないのです。ですから、子どもがちゃんと聞いているかどうか、「お母さん、今何て言った？」と、お母さんはときどきたしかめてみるといいと思います。意外とわかっていないことが多いのに驚かれるのではないでしょうか。

［はみだし 子ども川柳］ おとうさん お酒飲んだら だいこんらん（小3 K.A.）

国語の入試問題と「思いやり」の意外な関係

「思いやり」という心のあり方は、不思議なことに国語のテストとの関連が深いのです。

私は、思いやりに満ちた親の子は思いやりがあるな、ということをよく感じます。たとえば、誰かが転んだとき、「わははははーー！」と笑う子どもと、『だいじょうぶ？』と心配する子どもとがいます。ここには、心のあり方において、根本的な違いがあると思います。

また、阪神淡路大震災のときに、ある男の子のお母さんは、「今度の地震はすっごいねーー」と、まるで映画でも観ているかのような言い方をしました。現実と映像の区別がつかないのでしょうか。やっぱり、その男の子は人への当たりがきつくて、何となく殺伐としているのです。親が思いやりを持って世の中に接し、子どもに接しているかどうかが、こういうところにはっきりと現れるのです。

国語の中学入試問題をよくよく分析すれば、国語では、これでもか、というほど思いやりの心を求めているということに気がつきます。

たまたま中学入試の問題を作っている先生の話を聞く機会があったのですが、なるほどそうだろうな、と思いました。

なぜ国語の入試問題と思いやりがつながるのか？　そのわけは、学校側が、他人への思いやりがなくて人と協調できないとか、友だちができないというような人間関係に弱点のある生徒への対応に大変なエネルギーを使わされているという現実があって、もうとにかくいじめや不登校などの問題を起こさない子にきてほしい、という切実な思いがあるからなのです。

ですから、学校側としては、国語のテストを通じて、基本的に他人への思いやりがあるかどうかを見たいのです。そこで、たとえば中学入試で、足をくじいて、痛む足を引きずりながら歩いている人を描写する文章が出されて、そこに設問があっても、「わはははー！」と笑った子には、出題者の意図がわからないということが起こるのです。

親の「思いやり」が子どもの「思いやり」を育てる

「思いやり」は共感と言ってもいいでしょう。これは、たとえば、お父さんが仕事で認められたら家族みんなで喜ぶ、弟が風邪を引いて熱を出したら家族みんなでいたわる、というように、家族一緒に喜んだり悲しんだりする中で、子どもの心に育っていくものです。

そういう意味で、まずはお父さんがお母さんを思いやり、お母さんがお父さんを思いやることが、子どもの思いやりを育てる土台になると思います。

こういう「思いやる」という心がないと、国語のテストに出てくる、人の心の微妙な機微を感じるというようなことはできません。

お母さんの感情表現が子どもの「感じる心」を育てる

そして、「思いやり」とよく似ていますが、「感じる心」も同時に育てていくといいのです。

わかりやすい例をあげますと、たとえば、国語のテストで、「空一面に広がる朝焼けに出合って、突然涙があふれてきた」というような場面があっても、「感じる心」の乏しい子は、「えっ、なんで?」となってしまいます。

実際、こういうこともありました。ある中学3年生の男の子は、自分でも国語が苦手と言っていました。論説文などはそこそこ解けるのですが、物語や詩などの問題にからきし弱いのです。

作者の孤独がテーマになった文章があり、それを象徴するような、「広い空には、小さな雲がただひとつ、ポッカリ浮いていた」という文を彼に読んでもらい、「何か感じるでしょう?」と聞いたのです。しかし彼は、「何にも感じませ

[はみだし 子ども川柳] お母さん 買ってと言っても へんじはダメ (小3 T.A.)

ん。雲があるだけですよねえ」と、本当に心から言うのです。

なんともかわいそうな話です。このテストはたまたま表に出た一つの例にすぎません。彼がずっとこのままだったら、社会に出てからもいろんな場面で、人と「感じること」を共有できずに、苦しむことになるでしょう

この「感じる心」を伸ばすにはどうしたらいいか？

私が師と仰ぐ上里龍生というすばらしい幼児教育の先生がいます。大学入試向けの指導が専門だった私が、理想を胸に小学校3年生くらいまでの年齢の子どもたち向けの教育を始めたとき、頭で考えていたことと現実のギャップで何度も壁にぶつかりました。しかし、上里先生と出会って、幼児という生き物がどんな本質を持っているのかを学びましたし、当初、課題として考えていた「思考力」が、本当に一部のトップ層の子どものための課題にすぎず、教育は、本来どんな子にも意味のあるものであるべきであるということを教えられました。

その上里先生が、「子どもの感じる心を伸ばすには、お母さんが感じたことを言葉で表現することだよ」と私に教えてくださいました。「そのお母さんの言葉

を毎日聞いているうちに、子どもの感じる心は育っていく」というのです。

「フリージア、いい香りね」

「夕焼けがきれいだよ。ちょっと見にきてごらん」

「緑がだんだん濃くなってきたね」

「風が温かくなってきたわ」

「金木犀の匂いがする。秋だねー」

お母さんが感じたことを、そのつど言葉で表現する。そうすると、子どもはお母さんのまねをする生き物ですから、その感情表現を子どもは自分の中に取り入れるのです。

お母さんが感動することはすばらしいことですが、それだけでは子どもに伝わりません。感動したことをあえて口に出して言うということが大事なのです。

子どもは感じ方がわからない

子どもはそこにあるものを、ただそういうものだと思って見ている。見方というか、変な言い方ですが、感じ方がわからないのですね。

私の場合で言うと、小さかった頃は、たとえば若葉の美しさなんて感じていなかったように思います。ただ、そこにあるものだとしか思っていませんでした。「初夏の新緑っていいもんだなー」と思ったのは、たしか16歳くらいのときでした。それからは、四季それぞれの美しさに感動するようになりました。

そういうものですから、大人が感じたことを言葉にしていかないと、子どもは見たもの、感じたことをどういう言葉で表現すればいいかがわからないのです。

お母さんは、四季折々に感じたことを言葉にして子どもに伝えてください。

「『梅一輪、一輪ほどのあたたかさ』ね」

「春先は三寒四温と言って、暖かくなっては、また寒さが戻ってくるのよ」

「こういうのを梅雨の晴れ間と言うのよ」

「天高く馬肥ゆる秋」

「冬になったのに暖かいね。こういう日を小春日和と言うのよ」

「今夜はしんしんと底冷えするね」

こうして、感じたことと言葉を結びつけることで、感じる力が伸びていき、また言葉の力も伸びていくということになるのです。

こういうことが、読む力のベースになるのです。

3 漢字は家庭学習の勝負どころ

漢字だけは、泣こうが、わめこうが、やらせてください

次に、漢字のことをお話しします。

国語力がすべての学力の土台と言いましたが、漢字は国語力の土台です。つまり、漢字はすべての学力の土台の土台なのです。ですから、「やりたくない」では通用しないのです。

この土台をしっかり作っておかないと、国語力はもちろん、すべての学力に響

いてきます。

私はお母さん方にいつも言っています、

「漢字だけは、泣こうが、わめこうが、やらせてください」

それを実行してくださったお母さんは、子どもが中学生になったときに、「ほんとうにやらせろと言ってくださって、ありがとうございました。漢字だけは困っていないです」と言います。

漢字学習というのは、小学校時代の一種の苦役です。私も大嫌いでした。これを喜んでやっている子など本当に少数です。たいていはお母さんや先生にほめられたいし、きらわれたくないから、忠実にやっているという感じですね。

漢字がわからないと勉強がスタートしない

日本語の場合、漢字の知識がないと、そもそも勉強がスタートしません。一つの文章で一つわからない漢字があったら、もう全体がぼやけてしまいます。別に漢字なんかわからなくても平気だと思って生きている子はいっぱいいます。でも、学年が上がるにつれて、わからない漢字がどんどん増えてきて、それがどの教科にも出てくるとなると、もうギブアップです。

子どもはそこまで先のことは考えませんから、そこは親が考えてあげる必要があるのです。

わからないことがあっても気にしないという感覚の子と、イヤだけどやるべきことはやりとげて、わからない漢字はないようにしようという子との違いはとても大きいと思います。

これは小さい頃からの意識の問題です。わからないことをわからないままにしておくと気分が悪いから、わかるまで人に聞いたり自分で調べたりする、というふうになれば、しめたものです。

国語でも算数でも、一つのところにつまずいて、それをいい加減にしておくと、そこから先へ進んでいけません。

「気持ちが悪いんなら、漢字だけはやりなさい」

義務教育は全員が確実にできることをやっているのです。毎日一つの漢字を覚えていくというようなことを地道に積み上げていく。これをいい加減にすると、全体が崩れてしまいます。

子どもはそこまでのことはわかりませんから、なんだかんだと理由をつけてサボろうとするでしょう。ですから、そこはお母さんに指導力を発揮してほしいのです。

子どもが、「今日はなんか気持ちが悪いから……」と言ったとき、「気持ちが悪いんなら、しょうがないわね」と言うか、それとも、「気持ちが悪いんなら、漢字だけはやりなさい」と言うか。

やさしく、しかし毅然として指導してください。決してカッカしないで、落ち着いて低い声で言ってください。ドラマの野際陽子さんのイメージです。お母さんの毅然とした態度がとても大事なのです。

漢字学習は家庭学習の勝負どころです。漢字が読めない子、漢字が書けない子はあらゆる教科が伸びないと言っていいでしょう。

「がんばればできる！　できればうれしい！」という体験を

これは、きらいなことでも、がんばってやればできるようになるし、できるようになればうれしい——という貴重な体験をすることです。これこそが勉強をするということです。これを体験したことのない子は、勉強をただやりたくないもの、きらいなものとしか思えません。

子どもは誰だって、勉強より遊びの方が好きです。でも、今の世の中、勉強しないで遊んでばかりいてメシが食っていけるほど甘くない。自分の将来の自由度を上げようと思えば、がんばって勉強するのが一番いいのです。自由に、やりたいことをやれる状況を作るために努力するということです。スポーツマンでも、努力しないで一流になった人なんて、一人もいないですから。

子どもはほめて伸ばす——そのとおりです。しかし、やらなければ困ったことになる、たとえば漢字のようなものは、きちっとやらせる。そういう親の態度がとても大事です。

これは、厳しければいい、というのではありません。やらなければいけない大事なことはきちんとやるという家庭の文化です。子どもの将来のことを考えると、ここで手を抜いてはいけないな、という親の「思いやり」から出てくることです。

漢字学習はお母さんがついていてもいい

子どもに漢字の勉強をさせるとき、お母さんは一緒についていた方がいいのですか？　と聞かれることがありますが、最初はついていた方がいいと思います。漢字と計算は親がついていても、長期的なトラウマとか、トラブルにはならないのです。

文章題で横にお母さんがつくと、もう勉強そのものがイヤになってしまうということは非常に多いのです。それは理解の問題になってしまうからです。

理解できなくて困っているということに対して、お母さんが感情的になって、「何でわからないの？　さっき説明したでしょ！　何回言えばわかるの！」というような有害無益なＮＧワードで子どもを乱打する。これで、どんどん勉強そのものがいやになってしまいます。

子どもの「お母さん好き」というベースは変わらないのですが、勉強になると、とたんにイヤなお母さんに変身してしまうと子どもは感じるのです。

漢字や計算はやらなければいけないということを、子どもは心の中ではわかっているのです。でもイヤだな、面倒くさいな、逃げたいな、と思っているときに、横についていてくれるのは、むしろ支えられているようでいいのです。

それでも力がつかないということになっても、それは自分がちゃんとやらないから悪いんだということがわかっていますから、傷にはなりません。ですから、小学校1、2年生のうちは、堂々と横についてやっていいと思います。文章題など理解できないことに対して、イヤなことを言われると、本当にイヤになる。その違いは重要です。

4 「書く力」をつける

「正しく言う・正しく書く」が最優先課題

次に、書く力を育てるにはどうすればいいかという問題に入ります。

「読む」、「聞く」をインプットと考えると、「書く」、「言う」がアウトプットで、国語の二つの大きなテーマです。

書く前に、言うことが問題になります。言うというときに、一つは「正しく言う」、もう一つは「豊かに面白く言う」という二つの課題があります。

『16歳の教科書』（講談社刊）で金田一秀穂さんが、「正しく」を最優先するべきだ、と書いていましたが、そのとおりだと思います。

たとえば、私の中3の教え子に、こういう子がいました。その子は数学のイメージ力などは豊かで柔軟性もあり、他人が解けないような難問でもクリアできる、ある種のギフトを授かっている子でした。

しかしその天賦の力に比べて、国語だけがちょっと成績が悪い。そんな彼に、数学の証明問題の解答を黒板に書いて説明させたときのことです。1行目にこうありました。「1〜6まで、最小公倍数は」。

「どこかおかしくない？」と、何度問い詰めても理解できません。そこで、「ここが変でしょう。日本語になってないよ。『1〜6までの6つの数の最小公倍数は』と書くべきでしょう」と説明してあげると、「そっか！」と言っている。前途多難を感じさせた瞬間です。

「正しく語り、正しく書く」ことへのこだわり・集中が育っていない子の、これは典型的な姿です。細部でもきちんとした日本語を語り、しっかりした日本語を書けることが、いかに大事かということです。

つまり、よく「感じたことを書きなさい」というようなことを言うけれど、その前に、正しく書くことを教えないと書く力は伸びないということです。当たり前のことですが、正しく書くことが基本ですから。

感じたことを書くだけなら、「楽しかったです」、「良かったです」でいいのですが、それで終わってしまって、読む人に伝わるものが何もありません。

「道順遊び」で正しい言い方をトレーニング

正しく言う、ということを問題にするとき、よく私たち塾の現場で子どもたちに試すのが、道順を言わせることです。これをやると、正しく言えるかどうかが一発でわかります。

その際、子どもがよくやるのは、「途中で左にスーパーの○○が見えるんだけど」というような不要な情報をいっぱい付け加えることです。必要なことが抜けたらダメですが、余計なことを付け加えてもダメなのです。相手にわかるように、論理的に、過不足なく、簡潔に、正確に言わないと、相手は目的地にたどり着けません。

お母さんも、遊び感覚で、子どもに道順を聞いてみてください。駅から家までの道順、逆に家から駅へ行く道順、学校やスーパーや友だちの家への道順。結構むずかしいですから、初めはうまくできないでしょうが、あくまでも遊び感覚で子どもと一緒に楽しんでください。

この「道順遊び」はなかなか奥が深くて、相手の立場に立ってものを言うことが要求される遊びでもあるのです。

駅からわが家への道順を言う場合、初めてわが家を訪問する人の立場に立たないと、正しい道順を伝えることはできません。「ちょっと歩いて、そこの角を右へ」などと言っても、自分はわかっているからいいけれど、初めての人には、それではわかりませんね。

たとえば、相手が杖をついたお年寄りである場合、いきなり、「駅の階段を降りて……」ではダメで、まずエレベーターかエスカレーターへの行き方から始める、というように、人の立場に立つという能力が必要になります。そういう能力を遊びながら鍛える「道順遊び」をぜひやってみてください。

人の立場に立つことを教える

国語の力を伸ばすというとき、小学校5、6年生からは、他者性、つまり人の立場に立つということを教えなければなりません。

1、2年生にそれを求めても無理なのです。「ぼくね、あのね」と言って、見たこと聞いたことをそのまま言う。そういう発達段階ですから、それでいい。

でも、5年生になると、相手の立場に立って言う、相手の立場に立って読み取る、相手の立場に立って書く、ということができないと、相手に自分の言いたいことが伝わらない、また出題者の意図が読み取れない、ということになってしまいます。高学年の大テーマは他者性ということですね。

この他者性は、私のように先生業をしているものには絶対必要な力です。

子どもがわからなくて困っているとき、他者性のある先生は、その子の立場に立っていろいろ考えて、「ん？　この言葉の意味はわかる？」、「ここまではだいじょうぶなんだね？」と、細かくステップごとに理解しているかどうかを確認し、相手の「わからない状態」を真剣に想像して、「ああ、そうか、ここがわからないんだ！」と気づくことができます。これは先生業の醍醐味であり、もっとも集中力を要する瞬間でもあります。ところが、他者性のない先生は、「何でわからないの？」とやってしまいます。本来の役割を放棄して、切って捨てているのです。「何でわからないの？」と言われて伸びる子なんて一人もいません。

思いやり、共感力、他者性、言葉は違いますが、人の立場に立つという点では共通していますね。「そんなこと勉強には関係ない」と思ったら大間違いです。

耳で聞いて覚える低学年・ノート学習の高学年

とにかくお母さんには、親子、夫婦でたくさん会話ができるように心がけてほしいですね。

私はお母さん方にいつも言っているのですが、低学年までは、耳学問の時代なのです。いろんな言葉を聞いて、人に「これなあに?」と聞いて、耳で聞いたものをちゃんと覚える。さらには、意味がわからなくても、聞いたことをすぐ口に出して覚えてしまう時期です。すごい記憶力です。だから、親子でたくさん会話をするというのが圧倒的に大事なのです。

その土台の上で、4年生からは、「ことばノート」を作る。わからない言葉があったら、とにかくそれに全部書き溜めていく。言葉を書いて、読み方を書いて、意味を書いておく、そういうノートです。4年生から先は、そうやってきちんと書いて、ノートに残して覚えていく時代です。

これは一生の宝物になります。私は今でも「ことばノート」を定期的に作っています。それを言うと子どもたちは、「えーっ！」と言って驚いています。

低学年と高学年とでは勉強のやり方が全部違ってきます。4年生になると、長文が読めるようになるとか、論理的思考ができるようになるとか、鍛錬を好むようになるとか、むずかしいことほどおもしろがってやるようになるとか、いろんな点で徐々に変わってきます。それが、6年生になると、そういった部分がグーンと伸びるときを迎えます。

「勉強しなさい」と言う前に、効果的な勉強の仕方を教えてやる

「言葉は生きた文章の中で覚えましょう」とよく言われますし、そのとおりだと思うのですが、それだけを待っていると経験値が足りなくて、積み上がらないから、一冊のドリルをコツコツと制覇していくという練習もやっぱり大事です。

それともう一つは、わからなかったら、いつでもどんどん自分の「漢字ノート」や「ことばノート」に書き溜めていくということ。これが国語学習の両輪です。それをしっかりやり始められるのが、現場の感覚では4、5年生からですね。

溜めた「ことばノート」も「漢字ノート」も、ときどきテストをしています。これは、ただ残すだけではなく、テストするものなのです。形式だけになってはいけません。ある程度時間を置いたら、部分的に隠して、意味がわかっているかどうかをチェックしていく。それが生きたノートの使い方です。

ノート勉強ができるようになるのは高学年からですね。花まる学習会の高学年以降の進学部門・スクールFCの一番の売り物はノート学習です。勉強は自分でするものですから、洗練されたノートの実例をたたき台に、自分たちでどんどん使いやすいものにしていくといいのです。これをやった子は伸びます。

勉強ができるようになるためには、勉強が効果的にできる仕組みを作っておくといいということです。そして、その仕組みを自分の中に構築し始めるのが高学

【漢字練習のやり方のサンプル】

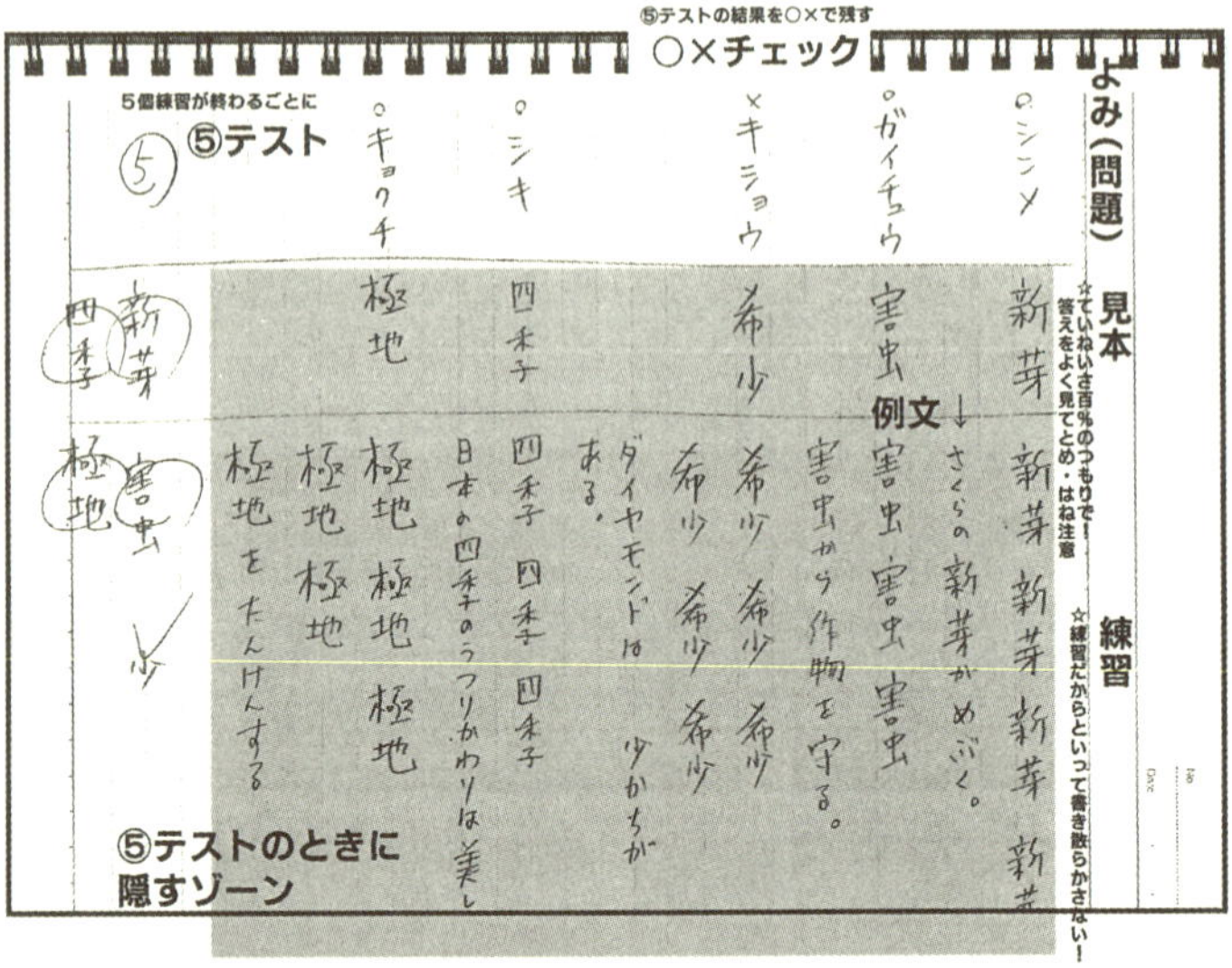
⑤テストの結果を○×で残す
○×チェック
よみ（問題）
見本
☆ていねいさ百%のつもりで！
答えをよく見てとめ・はね注意
練習
☆練習だからといって書き散らかさない！
例文↓
5個練習が終わるごとに
⑤テスト
⑤テストのときに
隠すゾーン

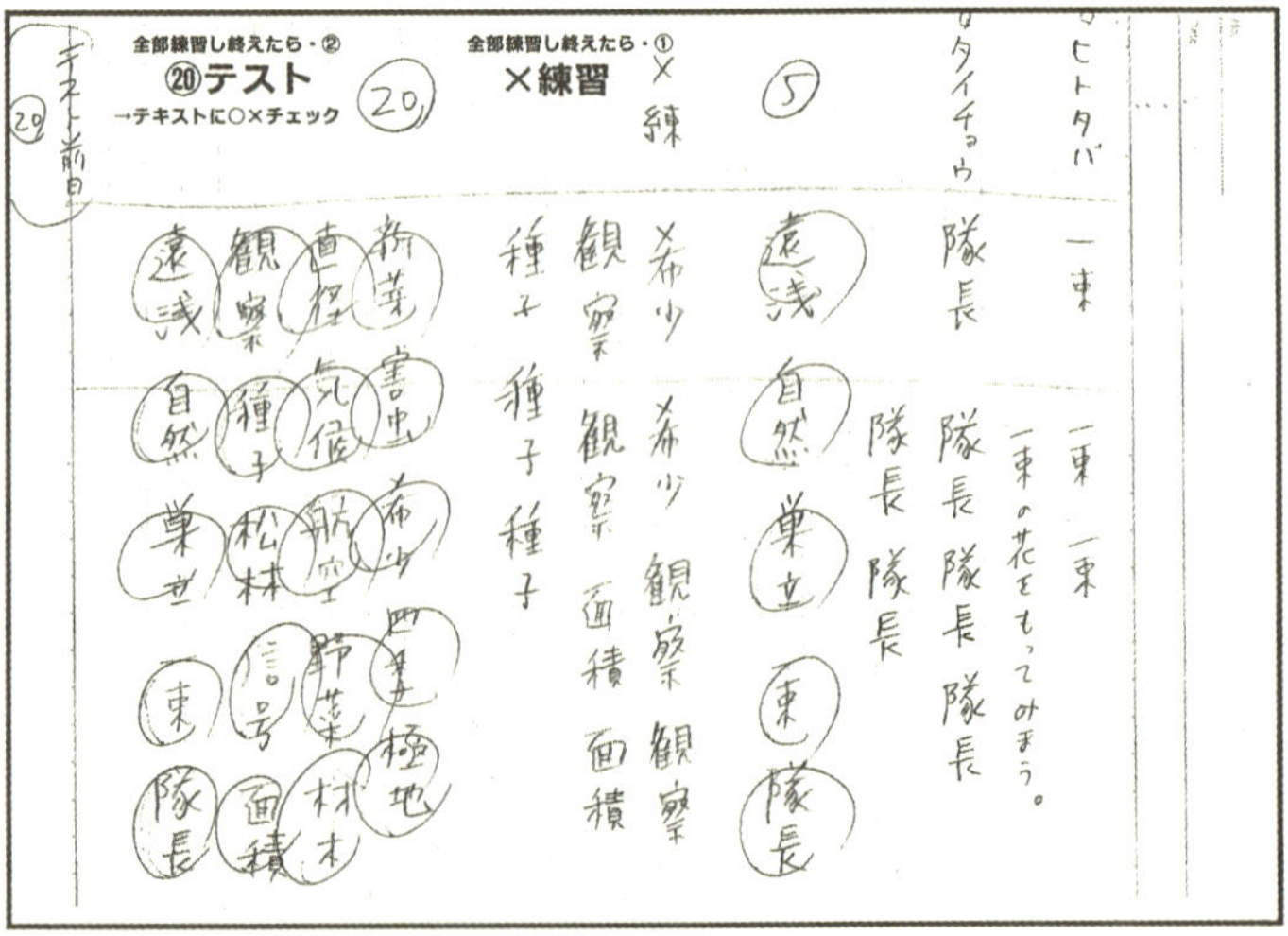
全部練習し終えたら・①
×練習
全部練習し終えたら・②
⑳テスト
→テキストに○×チェック

年からなのです。

「勉強しなさい！勉強！」と言われても、どういうふうに勉強をしたらいいのかがわからない子が多いのです。そういう子には、「勉強しなさい！」という前に、やりやすくて効果的な勉強の仕方を教えてやることが先決です。

単語ことば――察しの悪いお母さんになる

子どもの言葉の発達には家庭での会話が大事だと言っても、問題なのは夫婦の会話の乏しさです。なかでも、よく言われるのが、「ふろ」、「めし」、「ねる」に代表されるお父さんの単語ことばです。そうすると、子どももそれをまねします。

ときどき、「先生、消しゴム！」という言い方をしてくる子がいます。そういうとき、私はわざとわからないふりをします。

「君は消しゴムなの？」

「先生、何言ってるんですか？」

「いや、君こそ何を言ってるの？」

というふうな会話をして、

「まだわからない？」

「ああ、わかりました。今日、消しゴムを忘れたので貸してください」

というように、ちゃんと意味の通じる文にさせます。

子どもが「牛乳！」と言ったときに、お母さんはどうしていますか？「ハイ、ハイ」と言って、コップに牛乳をついで、持って行っていませんか？

こういうときは、「牛乳がどうかしたの？」と、とぼけて言ってくださるといいのです。そうすると子どもは、「牛乳をください」とちゃんと意味の通じることを言うようになるでしょう。

お母さんの察しが良すぎると、子どもの国語力は伸び悩んでしまいます。こういうことは、小学校低学年までに習慣づけることです。それには、まずお父さんが単語ことばをやめること、それから、お母さんがもっと察しの悪いお母さんになって、単語ことばが出てきたらわからないふりをすることです。

それから、たくさん会話をするのがいいと言っても、お母さんばかりがしゃべるというのでは、子どもはかえって無口になることもあります。子どもが何か一つ言ったら、お母さんから10倍の言葉が返ってくる、となると、子どもはその一つも言わなくなるというケースは多いですよ。

お父さんは子どもに囲碁・将棋を教えてやるといい

言葉の論理力を鍛えるという意味では、囲碁・将棋やマージャンといったゲーム的な遊びがとてもいいのです。

埼玉県でトップの進学校である浦和高校の入試では、テストの点数以外の評価部分に、囲碁・将棋が4段以上だったら加点するというのがありますが、それくらい囲碁・将棋は頭脳を鍛えてくれます。

囲碁・将棋のいい点は、遊びだから、楽しみながらやれることです。遊びでありながら、どんな勉強よりも論理的思考力を鍛えてくれます。これをお父さんが子どもとやってくれるといいですね。なぜなら、理屈や論理は明らかに男性が好きで得意なフィールドだからです。とくに、感想戦というのがいい。囲碁・将棋をやり終えて、お互いに感想を言いながら振り返るのがとてもいいのです。

「何でここでこう指したの？」

「お父さんはこうくると思ったから」

「でもさ、それならお父さんはこう指すな」

という具合に、理詰め対理詰めのキャッチボールで、論理的にかみ合った親子の会話ができます。

国語も基本は論理ですから、こういう遊びはいいですね。とくに、お父さんと子どもの会話が少なくなりがちな高学年以降には、貴重な遊びです。

マージャンも多少偶然性が入っていて、子どももたまに勝てるからいいでしょう。これも、なぜその牌を捨てたのかを子どもに説明させるといいのです。また、低学年なら、トランプやアルゴ（数理的な思考力を鍛えるゲーム）もとてもいいですね。

ちなみに、数理的思考力を遊びながら伸ばす低学年向けの教室として全国の学習塾に広まった「アルゴクラブ」は、授業設計を私が担当しています。そこでは、アルゴゲームをベースにした思考力育成をするのですが、感想戦（その一手で、なぜ3なら3のカードと当てられたのかを説明する）は、授業の大きな柱にしているくらい重視しています。そういう勉強の大切さを保護者にもぜひわかっていただきたいと思います。

私は長年、不登校や家庭内暴力、いじめ、自傷行為など、さまざまな問題を起こす子どもたちをたくさん見てきましたが、彼らの家庭に共通する問題のあることに気づいています。その一つが家庭でお父さんの存在感が薄いこと、そして、子どもはお父さんと遊んでいないことです。そういう意味でも、囲碁　将棋、マージャンなどの遊びはお父さんの存在を子どもに示し、お父さんの実力を認識させるいい機会です。

2章

学力に直結する読書と作文

1 読書と国語力

読書と精読の違い

読書と学力の関係ですが、読書をいっぱいした子たちの学力が高くなるということは、おおむね間違いないと思います。ただ、本は読んでいるけれど文章題が読み切れないということとか、本はいっぱい読んでいるけれど国語の長文読解が意外と苦手だということがあるのも事実なので、それがなぜかということも考えなければなりません。

この本のテーマは家庭で学力の土台になる国語力をつけるためにはどうすればいいのかということなので、漠然と読書さえしていればいいんだとは言えないということも、お父さん、お母さんには知っておいてほしいと思います。

読書を礼賛しすぎてしまうと、意外な落とし穴に落ちてしまうことがあります。むしろ外遊びばかりして、本などを全然読んでいない子が文章題をきちんと読み切ったりすることもあるのです。

それはなぜかと言うと、読むということには、漫然と読む漫読としっかりと緻密に読む精読の二通りの読み方があるからなのです。

精読とただ漫然と本を読むのとでは、同じ「読む」でもまったく別のことなのです。

読書は楽しければいいわけですから、意外と読み落としや誤読をしていることが多いのですが、自分なりのイメージをふくらませて楽しんでいるのだから、それはそれでいいのです。本が好きになり、活字が好きになると、肯定的で意欲的な気持ちになるのですから、あふれるような漫読の時間の豊富さもあってしかるべきです。

それに対して精読というのは、楽しみというよりは、仕事、義務に近く、最大限の集中力を発揮して、「読み落とさないぞ！」という意志で読み取り切ることなので、大変なことなのです。ここでお母さんにわかっていただきたいのは——①漫読（一般的な読書）と精読（文章題を読む読み方）は別のもの。②それぞれに意義があり、どちらも大事。③漫読をたくさんやってもかならずしも精読力はつかない。④精読力は精読力としてきちんと訓練してつけてあげなければならない。——という4つのことです。これを頭に入れた上で、子どもに読書を勧めてくださるといいと思います。

子どもが読書好きになる三つのルート

①絵本の読み聞かせから読書へ

親がどういう働きかけをすると子どもが本を読むようになるか、ということがお母さんの課題だと思うのですが、現場で見ていると、本を読むようになるのには三つのパターンがあるようです。

一つは絵本の読み聞かせが成功した場合です。

子どもは読み聞かせから自分で読むようになり、ごく自然に読書の世界に入っていきます。

ただ、いつもこうなればいいのですが、ある子にはうまくいっても、別の子にはうまくいかないということがしょっちゅう起こるのです。男女差も若干あるようなのですが、女の子でもうまくいかないことがあります。つい先日、活発な小3の女の子のお母さんの話を聞かせてもらったのですが、この方もやはり読み聞かせに失敗したそうです。女の子が3歳のときに、お母さんがよかれと思って寝ている子の横で一生懸命本を読んでいると、「ママうるさい！　シーッ」と言って、グーグー眠ってしまったそうです。

お母さんの読み聞かせ方とその絵本、そしてその子の感性がうまくフィットしたときに成功するのでしょう。

これは幼稚園の頃からの親子の習慣からはぐくまれるものですから、小学生になってから、「さあ始めよう！」というのは少々無理です。

②親が読書好きというケース

それから2番目のパターンは、お母さんかお父さんが本の虫という場合です。本ばかり読んでいるようなお母さんの子は、だいたい読書が好きになります。

以前とても成績のいい女の子がいて、その子が2年生のとき、お母さんと一緒に花まる学習会の教室の廊下で保護者面談の順番待ちをしていたのですが、お母さんは座るとすぐにバッグから本を出して読み始めました。1分でも1秒でも早く本が読みたいという感じなのです。すると、隣に座った子どももお母さんと同じようにバッグから本を取り出して読み始めました。二人とも周りのことは一切眼中になしという感じで、読書に没入しているのです。

この年齢の子どもは、学校にいるとき以外はたいていお母さんと一緒ですから、毎日毎日これが繰り返される。その積み重ねは大変なものです。これはお母さんが本の虫だと、子どもの成績が伸びるという典型的な例です。

③思春期に悩みを解決してくれる本に出会う

3番目は男の子に最も多いパターンです。

小学校4年生くらいになって、「先生、本当にウチの子本を読まないんです。どうしたらいいんでしょう？」と言ってくる場合は、そこで焦ってもだいたい無理なのです。お母さんが、将来役に立つからとか、学力の基礎なんだからとかと説き聞かせて、子どもに読ませたい本を押しつけると、むしろ本ぎらいにさせるだけです。読書感想文などを書かせて、しかもそれにけちをつけるようなことをすると、もう完全に読書がきらいになります。だから、そんなときはいったん諦めて、次の機会を待つのが得策です。

次の機会は思春期にきます。

中学生になると、新しいフィールドで部活が始まり、みんなが親から距離をとる。今までの小学校のテストと全然違う中間テスト・期末テスト。その成績で行ける高校も決まる内申にかかわる勉強が、1年の1学期からスタートします。

そして性の悩みが始まります。体に第二次性徴が現れて、恋をして、自分だけ背が低いとか、唇の形が気に入らないとか、好きな人には彼女がいるみたいとか、ワーッといろんな性の悩みが起こってくる。

同時に、「なぜ学校に行かなければいけないんだろう?」、「そもそもどうして生きていかなければならないのだろう?」、「どう生きるべきなのか?」……と、人生全般に対する哲学的な悩みもあふれてきます。そういうときに本に出会って悩みを解決した子は、「本っていいなぁ」となるのです。

本の中に自分の悩みを解決してくれる言葉があるのです。そういう本を上手に提示してあげると、本を読むのが好きな子になります。

思春期に読書に目覚めた私の場合

私は典型的な本を読まない小学生でした。理由は、シスターコンプレックスです。姉が大変な読書家だったから、それに対してコンプレックスがあったのです。

そして思春期に入った頃に、なぜか母親のことが気になって、イライラしてくる状態が続きました。私に対してそんなに口出しする母ではなかったのですが、口出しされるとなぜかイライラするのです。

そういうときに、元ザ・フォーク・クルセダーズの北山修さんの『戦争を知らない子供たち』（角川文庫）という本を、「これ読めば」と言って、いとこがくれたのです。その本が私には響きました。

そこに、「思春期に入ったら、親を頭脳的には抜いているんだから、もうこっちが思いやる時代になってしまったんだぞ」というようなことが書いてあったのです。それが、そのときの私の胸にストンと落ちて、ああ、だから最近母親が小さく見えるように思ったのかとか、なんでこんなに理屈が通らないことばかり言うのだろうと思ったけれど、自分の方が理屈が立つ年齢になったのだから、むしろこちらが意識を変えなければいけないのだ、ということを思い知って、「ああ、そうか、そうか」となったのです。

そうなると、北山修さんという人が大好きになるわけですね。そこから読書のおもしろさに目覚めて、夏目漱石、小林秀雄、筒井康孝、チェーホフ、カミュ、トルストイ、ドストエフスキーなど、いろんな本を読むようになる。読書が、心を支えるために欠かせないものになりました。

こういう私のようなケースは、とても多いと思います。

この場合、入口は何でもいいのです。それこそ、お母さんから見たら安っぽいタレント本的な本でも、とっかかりとしては何でもいいと思います。とりあえず、すごく共感するものがあるという本を1冊きちんと読み切ることで、読書のおもしろさを知る。そこから、もう1冊、もう1冊と読書の世界に入っていく。

こういう読書への入り方があるのだから、お母さんは焦らずに思春期を待ってください。でも、そのときに、お母さんが待ち構えていて、「この本読むといいわよ」と言うと、もう読みたくなくなる。むずかしいところです。

だから親以外の第三者が本を紹介してくれるといいですね。斜めの関係と言うのでしょうか、親でも先生でもない、ちょっと年長の人、私の場合はいとこだったのですが、そういう人から言われると、不思議にすなおに受け取れる。

ですから、お母さんとしては、そういう人を見つけて、その人におまかせするということを考えてもいいのでは、と思います。

読書ノートを作ってやろう

それから、この花まる学習会の社員の中にも、「ああ、この人は言葉の力があるな」と思う人がいますが、私がそう感じた人たちのうち何人かは、みんな幼稚園時代から読書ノートをつけていました。本を読んで、丁寧に自分の感想を言語化していたのです。

幼稚園時代はお母さんが聞き取って書いてやっているのです。「こんなことを言っていました」、「ナントカさんかわいそうやなーと言っていました」というようなことが書いてあるだけなのです。しかし、本を読んで、1冊1冊そういうことをやっていくというのは非常に大事な作業だと思います。

せっかく時間をかけて本を読んだのですから、ちょっと立ち止まって、言葉にしてその感想を言っていくということが大事なのです。このお母さんのやり方はすごくいいですね。

この人たちの言葉のレベルが他の人とは全然違うのです。まるで詩人のように、言葉を吟味して言っているというのが伝わってくる。それはお母さんの教育の成果だと思います。

このうちの一人は、20代で花まる学習会の取締役になっています。そして、低学年の子どもたちに解かせる新しい国語の問題集『国語なぞぺー』(草思社刊)の主著者になっています。国語の授業の論理立てもしっかりしていて、自分は、ここではこういう意図の下にこういう授業をしたいという論理を明確に持ってやっています。それは、まさに言葉のレベルの高さを証明していると言えるでしょう。

本を読まない子には「読書ラリー」

ちなみに、花まる学習会で小学校1年生から預かって、本を読まない子たちにどうアプローチしているかと言うと、読書ラリーというものをやります。ラリー表を作って、読書したらそれにポイントをつける。何だかモチベーションとしては気高くはないのですが……。ポイントがつくことが励みになって、子どもたちは喜んでやっています。これは、とにもかくにも現実に読書の量を上げるきっかけを作ることが目的でやっていますが、たとえば、読まない子を読む子にする方法としてはとても有効です。

やんちゃタイプの男の子は、勝負とか競争が好きですから、張り切って読むよ

【読書ラリー表のサンプル】

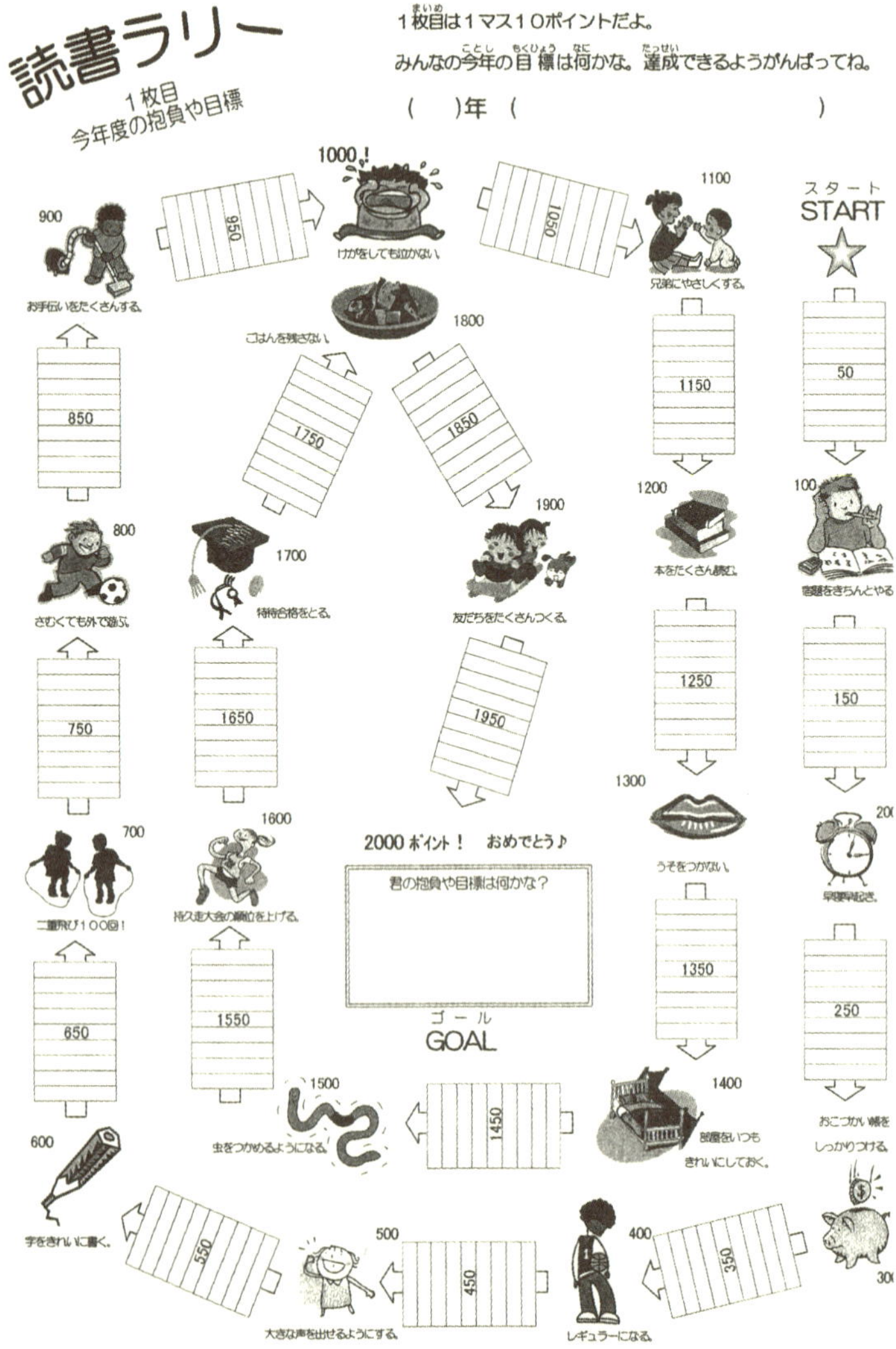
読書ラリー
1枚目
今年度の抱負や目標
1枚目は1マス10ポイントだよ。
みんなの今年の目標は何かな。達成できるようがんばってね。
（　）年（　　　　　　　　）
スタート
START
50
100
宿題をきちんとやる
150
200
早寝早起き。
250
おこづかい帳を
しっかりつける。
300
350
400
レギュラーになる。
450
500
大きな声を出せるようにする。
550
600
字をきれいに書く。
650
700
二重飛び100回！
750
800
さむくても外で遊ぶ。
850
900
お手伝いをたくさんする。
950
1000！
けがをしても泣かない。
1050
1100
兄弟にやさしくする。
1150
1200
本をたくさん読む。
1250
1300
うそをつかない。
1350
1400
部屋をいつも
きれいにしておく。
1450
1500
虫をつかめるようになる。
1550
1600
持久走大会の順位を上げる。
1650
1700
特待合格をとる。
1750
1800
ごはんを残さない。
1850
1900
友だちをたくさんつくる。
1950
2000ポイント！　おめでとう♪
君の抱負や目標は何かな？
ゴール
GOAL

［はみだし 子ども川柳］ もしかして　ぼくと金魚は　同い年？（小6　M.A.）

うになります。

1年生で1年間に1万ページを超す子もたくさんいます。この読書量は、何もしないでいる子に比べると圧倒的に多い。それは、「みんなが読むから俺も読まなきゃ」というラリーの効果です。「200ページも今週読んできたなんて、すごいねー」と言って、みんなでワーワーやっていると、「よし、俺も」となります。

これは長期的に安定して成功している方法です。

読書を家庭文化に

ただ本当に読書が好きで読んでいる子には、これは無理強いしません。そんなことのために読んでいるわけではないので……。「この子はやめましょうか」ということが実際あります。本当はそれが一番いいのです。

そういう意味で言うと、家庭の一つの文化として、「読みなさい！」ではなくて、お母さんが読む、読書に熱中している姿を見せる、というのが一番いいのです。

「お母さん、早くご飯作ってよ！」

「ごめん、ちょっと待って！　ここまで読んだら作るからね」

というような感じでしょうか。こういう家庭では、子どもは親が何も言わなくても、本を読むようになることが多いのです。

今までたくさんの子どもを見てきて、子どもの自発的読書欲を引き出すためには、お母さんが本を読む姿を見せることの方が圧倒的に効果があると実感しています。

しかし、読書という家庭文化は一朝一夕にして作れるものではありませんから、実際問題として小学校低学年で本を読まない子にどうしたらいいか？　ということですが、音読から入るのが一つの方法です。一斉にみんなで音読するのをいやがる低学年の子はいません。それくらい音や声には反応する時代なのです。子どもにとって音読は楽しいし、体が喜ぶことなのです。

家庭では、子どもが音読するのを聞いていてもいいし、いっしょに音読してもいいし、2、3文ずつ交互に音読してもいいでしょう。親子で音読をすることで、一つの物語を読み切ることができます。子どもは音読が大好きですから、こうして音読から読書の世界へ導くという試みもぜひやってみてほしいですね。

どんな本を読ませたらいいのか？

「どんな本を読ませたらいいんですか？」と、よくお母さんたちに聞かれるのですが、最初は活字そのものとか、本的なものを好きになるということで十分だと思います。

だから図鑑だとか、ゲームの攻略本でも活字は活字で、私はそれはそれで問題ないと思っています。図鑑好きというのは、もうとめられないですからね。それはそのまま図鑑に熱中させておけば、活字を拾い読みすることになります。

ある年のサマーキャンプで、私が「このふかふかの葉っぱはね」と言ったら、

1年生の男の子が前へ出てきて、「先生、それ、腐葉土のことですよね！」と言うのです。その子は図鑑が大好きな子で、図鑑に腐葉土という言葉があったのですね。それで〝腐葉土〟という言葉を知っている。そこで、周りも「うわー、すっごーー！」と言って感嘆しました。それがまたその子の活字を読むことへのエネルギーになる。その子は東大へ行きました。

だから、「そんな本じゃなくて、こういう名作を読みなさい」とお母さんは言いたいでしょうが、まずは、その子が好きな本に没頭させてあげることです。

それから、「マンガ大好き！」という子どもが多いですね。マンガは活字の本とは違う、得意な分野がありますから、そこは認めなければいけないでしょう。たとえば、日本の歴史をマンガでしっかり覚える子どももいますし、手塚治虫のように内容の豊かなマンガもありますから、マンガと言っても千差万別です。ただ、マンガばかり読んでいても、子どもの年齢が上がるにつれて、マンガだけではだんだん物足りなくなってくるものです。マンガを否定するのではなく、そこから活字の本へうまく橋渡しをしてやれたらいいですね。

2 生きる力・作文力をつける

「メシが食える」作文力を

国語の力という点では、作文は非常に大事なものです。今の社会では、作文は、学力だけではなく、生きる力に直結しています。

国語の場合、インプットの部分は、読書、会話、ドリル、学校の先生、漢字の学習などいろいろあります。しかし、アウトプットは最終的に作文に尽きると思います。

もちろん、口頭で魅力的な表現ができることは大事なのですが、現実にすてきなしゃべり方ができる人は、例外なくきちんとした文章が書けるようです。つまり、力のある文章、人を動かす文章を書けるように育てるという目標を見定めることが大事なのです。そうすれば口頭の表現もついてくるのです。黒柳徹子さんや久米宏さんのように、「立て板に水」とはいかないかもしれませんが、「しっかりした話」ができるようにはなると確信しています。

自分が生きていて、どう考え、何を感じ、何を言いたいのかを人に伝えることは、生きる力の土台です。好きな人に、「好きです」と言えなければいけないし、ただ好きと言うだけでは足りなくて、口説き落とすためにあらゆる言葉を尽くして、あなたがいかに自分にとって大事なものであるか、ということを相手に伝わるように表現しなければなりません。そのように、自分の考えや思いを言葉にして相手に伝える――その基礎が作文なのです

こういう仕事をしているとよくわかりますが、「作文力がない人」イコール「仕事ができない人」です。だいたい比例しているのです。

日報や企画書を書かせたら、一発でわかります。作文力のない人の日報は形式的なことが特徴です。すごく大事なことに気づいたフリもよく入っているのですが、「読める人」が読めば、浅さが明確です。結局、「一日を充実させ、自分なりの言葉として大切に形にしておこう」という生き方を青年期にしてきてはいないということなのでしょうね。

また、作文力のない人の企画書は、何をどうしたいということは書いてあるのですが、なぜそれをするのか、それをしたらどんないい結果が得られるのか、という論理やそこにいたるプロセスがあいまいなのです。つまり説得力がまったくない。企画書は説得力が命ですから、説得力がない企画書なんて、企画書とは言えません。そういうものが通るわけがありません。

お客さんに自社の商品を買ってもらうための文章でも、変なものを書くと、売れるものも売れなくなってしまいます。

そういう社会で役立つ能力、言い換えれば、「メシが食える能力」という意味で、花まる学習会では作文を大事にして、とても力を入れています。

「正しく書く」ためには親子で正しい会話を

お母さんが子どもの作文を見る場合、二つの視点があります。

一つは文章として正しく、論理的にも正しいという視点。もう一つは魅力のある文章になっているかという視点です。

低学年と高学年とでは違うのですが、スタートは正しく書くことです。そのために大事なのは、家庭で親子が正しい会話をすることです。

例をあげると、たとえば、「足げりにする」ではなくて「足げにする」ですし、「女手一人で育てる」ではなくて「女手一つで育てる」ですね。それからよくやるのが「全然いいのよ」のような否定の副詞を肯定的に使う、間違った言い方です。そして、「食べれない」、「見れない」のような「ら抜き言葉」も使わないように気をつけてください。さらには、「あたし的にはー」という言い方もやめましょう。子どもはお母さんが使っていれば、それが正しいのだと信じてしまい

［はみだし 子ども川柳］ やさしいね いつもいつも ありがとう（小4 N.K.）

ます。

それから文字として、とめ、はね、はらい、筆順を含めてきちっと書けるということは、すごく大事なベースだと思います。その正確さは、学校教育の一番大事なものだし、それだけは最低全員でやってほしい部分です。

作文の指導で、お母さんたちがよくやる間違いは、「感じたことを書きなさい」ということばかりを説明しすぎてしまうことですね。

その気持ちはわかります。放っておくと、「次にスペースマウンテンにのりました。そしてかんらんしゃにものりました。ひるごはんでラーメンをたべました」と、「したこと」ばかりを時間軸に沿って列挙するような、つまらない作文を書く子が多いからです。

しかし、「感じたこと」と言われても、「楽しかった」しか思い浮かばない子は、「サッカーしました。楽しかったです」と書いておしまいということになる。感じたことを書いたわけですが、これでは読む人に何も伝わりません。

正しく書くということは、何が楽しかったのか、どんな楽しさだったのかということを、相手に伝わるように正確に書くということです。

すてきな作文を書くための三つの要素

もう一つは、魅力的な文章を書くということで、これは高学年になってからの課題ですが、そこで一番大事なのは、遊び心、ユーモアセンスみたいなものです。ユーモアがあって、笑顔で子どもに接することの多いお母さんですと、その子どもは作文にもユーモアがあって、それが魅力になるということがあります。ただ平板に書くのではなくて、そこにちょっとした遊び、ゆとりがあるのです。

それと多角的に見るということ。一つの視点から見るとこうだけれど、もう一つ別の視点から見るとこうだ、ということですね。

あとは言いたいことが非常にオリジナリティが高い。自分の頭で独自に考えている作文です。

あくまで、「正しく書く」ができあがった上でのことですが、ユーモア、多角的に見る、オリジナル、これがすてきな作文を書くための三つの要素です。

低学年は好きなように書かせる

ただし、こういうことは低学年くらいの子どもには言わない方がいいでしょう。低学年のうちは好き放題に書く方がいいのです。

お母さんがあれこれ注文をつけると、作文そのものがいやになってしまいます。書きたいことを書くという作文の基本が崩れてしまう。そうなると、ほめられるためにうその作文を書くようになります。

実は私自身、5年生のときに、うその作文を書いて先生にほめられたことがあるから、それがよくわかります。「もう、この自転車は3年も乗っている。いろいろ僕のために役立ってくれた自転車だ」、「ふと気づくと僕は自転車の上に乗っていた」というような作文。でも、うそなのです。ところが先生は、「深い自転車への想いをよく書けましたね」と言ってほめてくれました。いまだに忘れられない、恥ずかしい思い出です。

本当に自分の中からわき出た、真実の言葉だけを見つめて書けばいいのに、ついほめられる文章を書こうとしてしまうのです。

この、ほめられようとするというのは、作文の一番大きい落とし穴だと思います。だから、本当に自分の喜びとして作文を書くという方向に、どう持っていってあげるかが、一番大事なのですが、これはなかなかむずかしい。

ただその基本になることとして、お母さんは3年生くらいまでは子どもの作文をあれこれ評価しないで、おおらかに見てやってほしいですね。これは私からの切なるお願いです。

3年生までは書き慣れるということだけが大事な時期なのです。

子どもの作文に文句をつけないで！

お母さんたちは子どもの作文を良くしようと思って、いい悪いと評価して、こう書きなさい、ああ書きなさいと言うのでしょうが、それで、書く意欲という根本的なものを失わせているということに気がついていないようです。

説明会でお母さんたちにそれを話しますと、「はい、はい！」と言って納得してくれるのですが、もうその半年後には、「もっと書くことあるでしょう！」とか、「〇〇ちゃんはもっと上手に書いてるじゃない！」とか、子どもにあれこれ注文をつけ始めるのです。

そうなると、子どもはお母さんに言われるから仕方なく書くけれど、「作文ってめんどくさいなあ」という思いが頭に染みついてしまう。そこから、死屍累々と言うと大げさですが、作文ぎらいの子どもが続出してきます。

マイブームというのでしょうか、子どもというのは、サッカーが好きなときは、サッカーのことしか書かないのです。ゲームにはまっているときは、ゲームのことしか書かない。「こうして、こうして、勝ちました。よかったです」、「負けました。くやしかったです」というような作文ばかりになります。これでは、お母さんとしては不満でしょうね。作文としてでき栄えが悪いなあと思うのは、当たり前かもしれません。でも、最初はそれでいいのです。

低学年というのは、本当に関心のある一番好きなことにしか焦点を当てられない時期ですから、作文としてはいたらなくても、それを続けているうちに書き慣れてくるのです。

そして、5年生くらいになったら多角的なものの見方とか、ユーモアやオリジナリティといったものを教えればいいのです。

花まる学習会でも、全体としてどういうテーマでやるか、段落のつけ方、段落ごとのテーマとその並べ方、小見出しのつけ方、「テカテカ、ピカピカ」というような擬態語の使い方、かぎかっこの上手な使い方、そういうものを教えていきますが、それは高学年からで十分です。

でも、こういうことを教える必要のない本当に作文力のある子も、少ないけれどいます。そういう子は自分とその周りの世界をしっかり見つめている子で、自分が書こうと思ったことを的確に言語化して作文を書いてきます。

ですから、親としては、わが子をしっかり見立てた上で、そのあたりの学年による作文力の育て方の違いを頭に入れておいてほしいですね。

作文上達の3ステップ

花まる学習会では、3年生まではお母さんにもお願いして、まったく評価しないで、毎週書き続けるということをやっていきます。そして高学年になるとテクニックを教えます。進学塾部門のスクールFCになると、添削を丁寧にやっていき、表現がありきたりだとか、考えが浅いものに対しては、理由を言ってつき返すこともします。

高学年になると、たとえば、「家族は何のためにいると思いますか？」というようなテーマを毎回与えて、それで作文を書かせて添削しています。問題意識を持って、それを深く掘り下げて考えながら表現する力をつけるためです。

その他にも、作文力と読解力をつけるものとして、文章を映像化させたり、その逆に映像を文章にさせたり、あるいは、地図に目的地までの道順が書いてあるのを文章にさせたり、いろんな視点で国語力の強化をはかっています。こういう勉強を子どもたちは遊びのノリでおもしろがってやっています。

そうして中学生くらいからあとは、書くことで自分の考えを深めるという作文の醍醐味を、本当に味わってほしいと思っています。

だいたいその3ステップです。低学年の書き慣れるという段階、それから高学年の、ある程度の技巧を踏まえて、意味のある作文としてきちっと仕上げるという段階。そして、中学生の本当に自分だけのために書く段階。作文には、この3つの発達段階があるということです。

【高学年用作文用紙のサンプル】

十二月課題作文

月　日

題名	学年	名前

「初志貫徹」とは、『初めに思い立った志（こころざし）変えないで、最後までやり通すこと』です。

- なぜその時最後までやり遂げられたのか。
- その経験をしたことで、あなたはどのように変わったのか。
- 物事を最後までやり遂げたことでどのように変わったか。

などくわしく書いてください。

花まる学習会

まずは1日1行か2行の日記で書き慣れさせる

作文上達のためには、まず小学校に入る頃から、書き慣れることが大切です。それには1日に1行か2行でいいから書き続けることです。

花まる学習会では、低学年の子どもたちに毎週作文を書かせています。1行か2行。それで十分です。今日あったことを日記のように書かせます。

ところが、この1行か2行が4カ月続くとお母さんから不満が出てきます。「何のためにお金を払っているんですか！」と言い始めます。そこで、「最初に説明したはずですが、今は書くことを続けることが大切なんです」と言うのですが、それがお母さんには言い訳に聞こえるらしい。そのあたりが、なかなかむずかしいところです。

1行か2行の日記なら、お母さんが上手に指導すれば家庭でもできるはずですが、問題は、お母さんが子どもの書いているものにどうしてもけちをつけてしまうことです。

1年生の子どもは、何カ月も同じようなことを書くものですが、それをお母さんは黙って見ていられないのですね。自分の子どもだとカッとなってしまう。そうならないために、ママ友だちがお互いの子どもの日記を交換して、友だちの子を指導するという方法でうまくいったという例もあるくらいです。

わが子だといろいろ言ってしまうけれど、人の子だと冷静になれるのです。ですから、友だち同士で子どもの日記を交換して、添削して、「いいよ！ よく書いたわね」というふうにはめてやれば、うまくいくでしょうね。

作文より日記がお勧め

作文というと構えてしまって、気軽に書けないけれど、日記なら好きなように書けますね。ですから、小学生になったら、内容には目をつむって、1行でも2

行でも書き続けさせて、書き慣れさせる。そして中学生になって、自分のために書くいい日記につなげてくれればいいなと思います。

中学生になると、絶対人に言えない悩みが続出します。そのナンバーワンが性的なこと。これは親にも友だちにも言えません。

私は毛が生えるのが遅かったから、それが大変な悩みでした。どうして俺だけ生えないんだろう……と悩み続けていました。中1、中2の日記なんて、もう7、8割方性に関することでした。他人から見ればバカバカしいようなことですが、でも、それが切実な中学生の悩みなのです。

それはやっぱり日記にしか書けなかったし、日記に書くことで、カタルシスというか、浄化されるということもある。そういう書くことの効用に気づいたら、書くなと言われても書くようになる。それが日記を書き続けることの最終到達点でしょうね。

自分の中のいろんな悪いもの、良いものも含めて全部、本当にそのまま書くということができると、書くことがやめられなくなります。それを積み重ねていけば、二十歳以降にいろんなところでちょっとものを言ったり、考えを述べたりしても、「ちゃんと自分の考えを持っている人だね」と評価されるようになります。自分の頭で考えて、自分の言葉でしゃべることのできる人になるということです。

大人の一つの目標として、自分の言葉を持つということがありますが、それにはやっぱり文章を書き慣れて、次にある程度きちんとした書き方を教えてもらった上で、最終的には自分のために書くというステップが必要だと思います。

「書くことがない」という子には、書くことを口頭で引き出してやる

作文というのは、自分と向き合って、自分の中から掘り出していくものですから、結局、作文が書けない子というのは、自分と向き合うといっても、自分と向き合うということ自体がわからないのです。

そういう子は、自分が見ている世の中は、他の子の目にも同じように映っていると思っています。そして、自分の身の周りで起きたことは、当たり前の日常的なことが起こっただけだとしか思っていないのです。だから、その子は、「書くことなんかない」と言うのです。

その子に、いや、これは君だけの視点なんだよと気づかせるのには、相当時間がかかります。

君は君なりに、きちっと自分の目で見ているんだよ、ということを気づかせるために、どうするかと言うと、子どもが五感で感じたことを口頭で引き出すというのが一番いいのです。

例をあげますと、サッカーのことを作文に書くのはいいのですが、「サッカーをしました。楽しかったです」としか書けない子がいます。「えっ、これだけ！もっと書くことあるでしょう？」と言っても、「いや、これ以上書くことないです、先生」と言い張る子どもがいます。

そういうとき、その子が逃げないように、目と目を合わせて、「本当に覚えていない？　よーく見たものを思い出せ」と突きつけるのです。

そうすると、

「ああ、そう言えばボールがビューンと飛んできた」

「ボールがビューンと飛んできたって書きなさい。それから、何か聞こえたでしょう？」

「いや、何にも聞こえないよ」

「よーく思い出してみて！」

「そう言えば、コーナーで旗がパタパタ風になびいていた」

「コーナーで旗がパタパタ風になびいていたって書きなさい。じゃあ、においなんかしたでしょう？」

「全然におわないよ、サッカーだから」

「よーく思い出してごらん」

「ああ、倒されたとき、土のにおいがしたよ」

「倒されたとき、土のにおいがしましたって書きなさい」

こうして、口頭で彼の口から引き出した、まさに本物の彼の言葉を書きとめて、3つ、4つ並べるだけで、「サッカーをしました。ボールがビューンと飛んできました。コーナーで旗がパタパタ風になびいていました。倒されたとき土のにおいがしました。楽しかったです」という、少し内容のある作文に変わってくるわけです。

親は子どもの作文を代わりに書かないで

口頭で引き出してあげるというのは、低学年の場合、母親の力でできる非常に効果のある技です。

ただし、一つだけ注意してほしいことがあります。それはお母さんが子どもの言葉を先取りしないことです。「旗が見えたでしょ!」、「脚を蹴られたじゃない」と言って、子どもの言葉を先取りして、自分で作ってしまう。これがとても多いのです。これでは子どもの作文力はまったく向上しません。

昔は作文コンテストの下書きを家でやらせていたのです。そうすると、とても子どもが書いたとは思えないご立派な作文がくる。それで、これはやめました。目の前で一回きりで書いてもらうように改めました。

お母さんが子どもの代わりに作文を書いても子どもの自信にも何にもならない、と言うより、むしろ自信を失わせることになります。子どもにはイヤな思いしか残りません。「いい気持ち」と「自信」は子どもをやる気にさせる二大要素ですから、これでは子どもを作文ぎらいにしているようなものです。

子どもの中から言葉が出てくるには、大人の何倍も時間がかかる、ということをしっかりと理解してほしいと切に思います。

だから、お母さんが問いかけたら、あとは子どもが答えるのをじっと待つしかないのです。待てないで、自分で問いかけておいて、自分で答えてしまう――この失敗がとても多いのです。

3章

国語力アップへ！
お母さんにしてほしいこと・してほしくないこと

1 勉強を見てやるときに、知っておいてほしいこと

低学年の子どもには落ち着いて何度も言い聞かせる

小学校の低学年ぐらいまでは、子どもはまだ幼児ワールドを生きているのです。

女の子の場合は、おませで、早めに幼児ワールドを抜け出す子もいるけれど、とくに男の子で一人っ子の場合は、幼児ワールドを抜け出すのがゆっくりしています。

そういう発達段階にいるので、彼は幼児の特性を発揮します。すなわち、「落ち着かない」し、「やかましい」のです。とくにお母さんを困らせるのは、「時間軸をさかのぼるのが苦手」ということです。「あ、虫だ！」、「あ、〇〇ちゃんがあっちにいる！」と、次の興味、次の対象へと、どんどん関心が移っていくので、たとえば、「今やったことをもう一度見直しましょう」とか、「片づけなさい」という課題が非常に苦手なのです。

そういう本質を持った子ども相手なのですから、お母さんは何回も落ち着いて同じことを言わなければならないのです。何回も何回もカッカしないで、ゆっくりと言い聞かせるというのが、幼児対応の基本です。

「何回言えばわかるの！」と言われても、子どもは1回言ったぐらいではわからない発達段階にいるのです。だから、叱られても、大声を出されても、子どもは困ってしまいます。子どもは、「お母さんは何で怒っているんだろう？」と、とまどっているのです。

過集中の子どもに気をつけて

お母さん方は、子どもの過集中という状態のことをご存知でしょうか？　過集中とは読んで字のごとく、集中し過ぎるということです。私は、お母さんが、「うちの子は何回言ってもわからない」と言っている子どもの中には、この過集中の子どもが相当いると思っています。

過集中の子どもは、本やテレビに集中しているときには、横でお母さんが何か言っても、聞こえないのです。

お母さんも最初はやさしく言うのですが、3回4回となるとだんだんイライラしてきて、「何回言ったらわかるの！」と怒鳴ることになる。そうなって初めて子どもは気づいて、動くのです。

これはお母さんの側から言うと、「この子は何回言っても聞いていないんです！」ということになります。一方、子どもの側からすると、「お母さんはボクと話すときは、いつも怒っている！」ということになるのです。このすれ違いが非常に多いのです。

過集中の子どもに、お母さんはどういうふうにすればいいかと言うと、子どもに話しかけるときに、ちょっと子どもの肩に手でふれて、注意をこちらに向けさせてから話すようにするか、あるいは、目と目を合わせて話すようにすればいいのです。そうしないで、何かに集中している子どもの後ろから話しかけるようなことをすると、お母さんの声が子どもに届かないのです。

過集中の子どもというのは、見方を変えれば、何かに集中できるという長所を持った子ども、つまり集中力のある、将来が楽しみな子どもと言えるのです。単なるなぐさめではないですよ。本当に将来、力になるいいものを持っている子と言えるのですから、考え方と態度を変えて子どもに接してみましょう。

叱られた人間の脳はやる気をなくしてしまう

「ゴロゴロ猫みたいに寝転がって、何でアンタそんなゴロゴロ転がるの？」というようなことも、よくお母さんは言います。けれど、幼い子どもはよくゴロゴロ寝転がるものです。そういう発達段階にいるのです。

姿勢を正しくするとか、背筋をちゃんと伸ばして座るというのは、勉強の第一歩目ですから、すごく大事なことです。過去の教え子を思い出しても、授業中ピンと背が伸びて、聞く姿勢が良い子は、おおむね後伸びしていると言い切れます。姿勢はとても大事なことです。しかし、相手が低学年までの幼児ならば、それは、何度も落ち着いて言い聞かせなければならないことなのです。幼い子どもの本質を知って対応してほしいですね。

若いお母さんは、自分の子ども時代をよく思い出してくださるといいでしょう。何度も同じことを言われたり、ゴロゴロしていたりしたことをきっと思い出

［はみだし 子ども川柳］ お母さん 安いスーパーで にこにこだ（小4 T.H.）

すはずです。

ところが、たいていのお母さんは、今の自分、大人の感覚で、子どもに言いたい放題言ってしまう。だから、子どもはよくわからないまま、「何か知らないけど、怒っている！」となって、しょんぼりしてしまうのです。

有名な脳科学者も言っていますが、「叱られた人間の脳はやる気をなくしてしまう」のです。

これは、私たち学習塾の現場にいる者の落とし穴の第1位です。一つの指導をするにも、何回も何回も落ち着いて、繰り返し言わなければならないということです。お母さんが子どもの勉強を見てやる場合は、何度も言わないといけない幼い子の本質をわかってやることと、感情的にならないということが絶対に必要です。

突然変化する子どもにまどわされないで

先日のことですが、3年生の子どもたちがいっせいに芽吹いたように変化を見せました。普通はだいたい梅雨前後に起こるのですが、季節が変わるように、子どもたちに変化が訪れます。

簡単に言うと、3年生は3年生らしく、5年生は5年生らしくなる。3年生は、親から見ると、一筋縄ではいかなくなってきます。

ついこの間までは、「あんた宿題やりなさい」と言って、子どもが宿題をやらなかったら、「ああ、じゃあ、いいわよ。〝花まる〟やめなさい」というようなことを言うと、「いやだ！」と言って泣いていたのが、「別に、いいよ」と開き直ってきた、ということが、ある日いっせいに起きました。お母さんたちから同じような報告が相次いだのです。

示し合わせたわけではないのに、子どもたちはそんなふうにいっせいにステップを上がることがあります。

そして同時期に、5年生の女の子のお母さんたちからも同じ質問が続出しました。「ダイエットみたいなことにハマってしまって、困っている。何を言っても、お願いをしても、まったく聞いてくれない。どうすればいいんでしょう?」と言うのです。これも前の例とまったく同じです。

各学年で、いっせいにピョンと上がってしまうときがあるのです。それは成長段階を一段上がったということで、ある朝起きたらそうなっていた、という感じの変わり方なのです。今までおもしろがっていたのに、もうおもしろくない、今まで気にもしないでいたことを、急に気にし始める、というようなことが起こります。これは成長段階で必ず訪れる節目ですから、お母さんはそういうことに翻弄されないでほしいと思います。

ギャングエイジの対応に気をつけて

成長段階で、3、4、5年生あたりというのは、要するに親の言うことをまともに受け取れない、自立へ向けて親から離れていくときなので、お母さんがイライラしがちなんですね。

1、2年生の頃は、なんだかんだと言っても、にらんで、くすぐってやっていれば、言うことを聞いていたのが、3年生になると、急に言うことを聞かなくなる。そこを無理強いすると、国語の本質じゃない部分での指導力不足で、国語をきらいにさせてしまうということが起こりがちなのです。

これは、成長のステップとして必ずくるので、お母さんは覚悟していてください。

1年生と6年生はどっちかと言うと、プライドを持って、前向きな気持ちで成長するときですね。1年生は小学生になったんだ、そして6年生は最高学年だから、という感覚です。社会性が伸びて、いろんなことを、ちゃんとやらなきゃ、という方向に伸びていきます。

ところが、3、4、5年生はいろんなことに対して、ただ、きちんと普通にやっていても魅力的ではないな、ということに気づきだしたり、友だちにモテるとかモテないとか、いろんなことがわかってくるギャングエイジなのです。

そういうことを、お母さんは子どもが3年生になる前に知っていてほしい。そうすれば、「ああ、きたんだな、この時期が」と言って、落ち着いていられるでしょう。

つい先日のことですが、そういうことを知らないでガミガミやって、3年生の子どもをつぶしかけたお母さんがいました。それで私は、「○○君はね、この成長段階にきたんですよ。お母さんがイライラするだけ損だし、最終的には勉強ぎらいにさせちゃいますよ」という話をしました。

国語力をつけるという以前に、基本的な子どもへの接し方の部分で失敗する人が多いのです。

その原因は、相手が幼い子どもであるのに、カッとなってしまうこと、そして相手が急にステップを上がって成長変化する存在であることに気づかないで、以前と同じ対応をして、同じ反応が返ってこないことにカッカすることなのです。

子どもはどんどん成長変化する存在ですから、お母さんが同じカードを出し続けると、必ずそれが効かなくなるときがきます。それが、ワンステップ成長したときなのです。

比較は百害あって一利なし

それから、これは当たり前のことですが、指導するとなると、ほめること、とがめること、その両方をやらなければなりません。「これではいけないんだよ」ということを言わなければならないし、「それでいいんだよ」ということも言わなければなりません。

そのときお母さんは、やってはいけないことをよくやってしまいます。それは、自分の子どもを他の子どもと比較するということです。子育ての本によく書いてあるから、比較が良くないことは頭では知っているのでしょう。それでもやっぱりやってしまいます。

「○○ちゃんは、もうこんなに漢字が書けるんだ！」

これが子どもの心に何をもたらすか？　ただただいやな感じしかもたらしません。

「いい気持ち」にさせて「やる気」を引き出す

子どもというのはいい気持ちにさせなければ、やる気にならないのです。家庭学習では、子どもの「やる気」を引き出すことが一番大事なことです。

私が信頼している脳科学者は――脳についてはいろんなことが言われているけ

れど、たしかなことはただ一つ、「やる気になってやったことは伸びる」ということだけだ――という意味のことを言っています。

とくに低学年時代は、学びへの意欲を育てることそのものが最重要課題とも言えます。

とても単純なことなのですが、子どもをやる気にさせるには、子どもをいい気持ちにさせなければいけません。いやいややっていては本当の伸びにはなりません。

「ナントカちゃんはこんなに長い作文が書けるんだ。同じ3年生とは思えないね」というようなことは、言っても何の役にも立たないどころか、害を与えてしまう。本当に言わずもがなの言葉ですね。

最悪なのは、年少の子と比較してけなすことです。

「弟はこんなに上手に書けるのに、なんであんたはこんななの。さぼっているだけでしょ！」

こういうのが多いですね。お母さんを批判する人が家庭の中にいないから、自分が裁判長で、もう言いたい放題。「上の子はやる気がないんです」と言うのですが、この場合、やる気をなくさせたのは、実はお母さん自身なのです。

きちんと系のお母さんの落とし穴

比較も落とし穴ですけれど、きちんと系のお母さんも、とても大きな落とし穴にはまります。

きちんと系のお母さんは、わが子にきちんと書かせる、きちんと読ませるということにこだわります。それは、いい面もあるのですが、落とし穴があるのです。

たとえば、ノートはきちんと書かれているし、硬筆で書くというときに、立派な字を書けるのだけれど、書くスピードが遅いという子がいます。それを「個性」などと甘くとらえてはいけません。時間が限られている中学入試や高校入試で大きなハンディになることが多く、そういう子を現実に何人も見てきました。

きちんと書くべきときに、きちんと書けることはもちろんすばらしいことです。しかし、同時に速く書くべきときには、多少字が汚くとも速く書く訓練もしておかねばならないのです。あまり言われませんが、現場で数多く被害者を見てきましたし、お母さんの盲点でもあるようなので強調しておきます。

そして、遅い上に、大事なことだけを書くということができないで、全部書き写そうとする。それは「きちんと病」の挙句の果てだと思います。「一番言いたい要点」をつかんで、そこだけを素早く書く子に大きな差をつけられてしまいます。それは、1年生の頃から、学校で書いたノートやテスト類を見ては、お母さんが、「なに、この字！　もっときちんと書きなさい、きちんと！」と言い続けてきた結果です。

2 国語力は親がつける

経験したことを言葉で表現させる

国語力をつけるという場合、正しい指導を学校と家で協力してやればできる、という単純なものではありません。

国語という教科は、子どもが経験の中で主体的に勝ち取る部分がすごく大きいのです。それを考えると、親は子どもに多くの経験をさせてあげることと、その経験を言葉で表現させることをいつも心がけてほしいと思います。経験して、それを表現すること――それを何度も何度も繰り返すことで国語力が高まっていくのです。

たとえば、わが子が――遠足でけんかした。いやな思いをした。だけど、自分がこうしたら、○○ちゃんが、「みんな一緒にやろうよ」と言ってくれた。それで、すごくいい雰囲気になったんだよ――というような経験をしたとすると、それを言葉にすることを促して、親はそれをちゃんと聞いてやる。そのように、子どもが経験したことを言葉にすることを繰り返すことです。このような機会は、お母さんが気をつけていれば、毎日のようにありますね。

親としては、直接テストの点数を上げるような指導をするには限界がありますす。しかし、学力の土台としての国語力を底上げするには、経験とそれを言葉で表現させることの積み重ねが何よりも効果的なのです。

親は聞いてあげるだけでいい

これだと、親は、「そうか、そうか、そうなんだ」と言って、ただ聞いてあげるだけでいいのです。子どもにできるだけ多様な経験をさせてあげて、その話をよく聞いてあげる。そういう意味でも、聞き上手のお母さんは子どもの国語力を自然に上げていると言えるでしょうね。

聞き上手の反対がしゃべりすぎるお母さんで、子どもが言うのを待たないで、すぐ先回りして、言ってしまう。「○○はしたの？　ダメね！　△△してないからでしょ！」というように、自分で聞いておいて、自分で答えてしまう。だから、子どもはだんだん無口になっていきます。

子どもは考え考えものを言うことが多いのです。それは子どもにとって、脳をフルに働かせているとても大切な時間です。それをお母さんが待ってあげられなくて、自分で答えてしまうというのは、子どもが考えるのをストップさせてしまうわけで、もったいないことです。

子どもは子どもであるがゆえに、かわいくて、見ていて楽しいし、言うこともおもしろい。それを楽しむというのは、お母さんにとって、最高の喜びの一つではないでしょうか。

その子どものすばらしさを見ないで、大人と同じようにできない、劣ったものとして見て、キリキリするのは、何も実りのない寂しい選択です。

つまり、お母さんの生き方が問われているのです。

国語力アップの第一歩は「あいさつ」から

それから、言葉でのコミュニケーションと言うと、真っ先にあげなければならないのが、「あいさつ」の問題です。

これは国語以前の問題ですが、「あいさつ」ができていない家庭では、そもそも国語力アップは望めません。「あいさつ」はコミュニケーションの第一歩ですから……。「おはよう」に始まり、「いただきます」「ごちそうさま」、「いってきます」「いってらっしゃい」、「ただいま」「おかえりなさい」、「ありがとう」、「ごめんなさい」、「おやすみ」といったあいさつを習慣にするのは、親の義務です。

習慣にすれば、社会に出てからも自然にあいさつが出てきます。あいさつというのは、出会い頭にとっさに必要になることもあるので、習慣化していないと、そういう場合にすっと出てきません。

社会では、「まともにあいさつもできない」というのは、一人前でない証拠と見なされてしまいます。それで困るのは、あいさつをしつけてもらえなかった子どもの方です。

あいさつをしつけるのは親の義務であり、責任でもあります。学校では教師から言われるので、子どもたちは仕方なしにあいさつをしていますが、それは身についていないので、社会に出たら役に立ちません。

逆に言うと、体の正面をきちんと相手に向けて、目を見て、ハキハキとあいさつされると、「うわぁ、いいなぁ」と感じますし、リクルートの季節には、「この子はぜひほしいな」と思わせられます。基本の型を家庭でしつけてくださっているのでしょう。

あいさつを交わして、そこからコミュニケーションが始まる。だから、あいさつができないと、コミュニケーションができません。そうなると社会へ出て行けないということにもなります。

子どもの将来を考えて、しっかりしたあいさつを習慣にするということに、ぜひ親としてこだわってほしいですね。

あいさつを始めとして、言葉のやりとりを親子で億劫がらずにするということが大切です。

カルタ・百人一首のような言葉のゲームを

それから、家庭で子どもの国語の力をつけるというとき、忘れてはいけないのが、カルタとか百人一首のような言葉を使ったゲームです。

「意味がわからないから、子どもにはムリ」と思うかもしれませんが、決してそうではありません。これは、ぜひ小学校低学年の頃から親子で遊んでほしいですね。

百人一首は、小学生では、まだ意味がわかりません。でも、子どもは、意味がわからなくても、耳で聞いて覚えてしまいます。

そして、子どもはそのゲーム性にも惹かれるのです。トランプと同じです。意味がわからなくても、子どもは耳から聞いて、おもしろがって覚えてしまう。そういう時期なのです。

歌というのは、本来文字で覚えるものではなくて、声に出して詠むものですから、そういう意味でも百人一首という遊びはなかなかのスグレモノなのです。そして、中学生や高校生になってから、覚えている歌の意味がわかるようになります。

百人一首で遊んでいた子は、中学や高校で必ず覚えている歌に出会います。そして、「そういう意味だったんだ！」となって、完璧に頭に入る。その歌の味わいまでがわかる。ほかの子とは理解の深さが違ってきます。

そうなると、「家庭の文化」を誇りに思うということにもなります。それが子どもの向上心に与える影響は非常に大きいのです。

私は熊本県立熊本高校という進学校に行ったのですが、そこには、私も含めて、小学校時代にはすでに百人一首にふれていた子がたくさんいました。百人一首さえやればいいというのではないのですが、やはり、子どもにもそういう遊びをさせる程度に高い家庭の国語文化がある、ということが大切なのだと思います。

こういうふうに、遊びながら言葉が自然に頭に入ってくる言葉のゲームをいっ

［はみだし 子ども川柳］おとうさん おならがくさいよ ほんとにね（小1 S.H.）

ぱいやるといいのです。

「日本語の宝石を体に埋めておく」

昔の子どもは、論語などの素読をやっていました。花まる学習会でも、毎週「たんぽぽ」という教材で、方丈記や枕草子、論語などの素読を行っています。「子いわく、巧言令色すくなし仁」などと声に出して読む。意味はよくわからなくても、声に出して読むことが好きなのです。

そうやって覚えてしまった、そのだいぶ後から、意味がわかって、その言葉が身につくというか、その人の行動規範になる。

小学生の頃は、百人一首でも四字熟語でも、新しい言葉を声に出したり、耳で聞いたりして覚えるのが楽しい時期なのです。

「日本語の宝石を体に埋めておく」と齋藤孝さんが言っていますが、ほんとうに

【素読用教材「タンポポ」のサンプル】

『論語』　孔子

子曰く、
学びて時に之れを習ふ、亦た説ばしからずや。朋有り遠方より来たる、亦た楽しからずや。人知らずして慍みず、亦た君子ならずや。
吾れ十有五にして学に志す。三十にして立つ。四十にして惑はず。五十にして天命を知る。六十にして耳順ふ。七十にして心欲する所に従って、矩を踰えず。

そのとおりだと思います。ぜひ百人一首やいろいろな古典から漱石まで、言葉の宝石を子どもの体に埋めておいてください。

敬語ゲームもおもしろい

私は、子どもたちを相手にして、敬語ゲームというのをよくやります。そのときだけは意識して敬語を使い続けるというゲームですが、おもしろいことに、これをやると子どもの姿勢が自然に良くなります。もちろん、先生も敬語を使います。

「これから、敬語が使えるところではすべて敬語を使います。敬語を使わなかったらアウトだよ」と言ってスタートします。たとえば、「先生がきた」と言ったら、「アウト」です。これは、「先生がいらっしゃった」ですね。「先生が申し上げた」というように敬語を使うところに謙譲語を使うのも、もちろん、「アウト」

です。これは、「先生がおっしゃった」ですね。

子どもはこういうのも大好きです。「敬語ゲーム、やってよ！」と言ってきます。これを親子でやると、子どもの敬語に対する意識が随分変わりますし、お母さんの敬語の使い方も向上しますから、一石二鳥ですね。

こういうことを親子でやるといいですね。つまり、わが子の国語の力をつけるには、親子で勉強らしくない勉強をするといいのです。それには、言葉を使ったゲームが最適です。

低学年の子どもには、お話を作って聞かせる

それから、小学校低学年ぐらいまでは、親がお話を作って聞かせてあげるというのもお勧めです。お話というと構えてしまいそうですが、難しく考えないで、思いつきの、ごく短い話でいいのです。

ただ、そこに何かおもしろいユーモアとかオチをつけて話を作るのがコツです。うそっこを楽しむ、と言ったらいいでしょうか。

子どもは、「スッテンコロリンと転んで、頭に大きなタンコブを作ってしまいました」とか、「アレー、パンツが脱げてしまいました」というような、動きのあるダイナミックな変な話を喜ぶ傾向がありますが、しみじみとしたユーモアをおもしろがる子もいます。

何度かやっていると、どんな話が子どもに受けるか、わかってきますから、いろいろ工夫してみてください。これはお父さんの方が得意かもしれません。

言葉遊びゲーム

やっぱり、低学年時代には、「好き」を伸ばしてあげるのが一番いいのです。

漢字練習のような鍛練の部分は、歯磨きと同じで、絶対やることとして押しつけて、全然問題ありません。

それ以外の勉強は、当然ですが楽しくやる方がいい。遊びながら、知らず知らずのうちにしっかり勉強をしている、というようなやり方です。それには、いろんな言葉のゲームをするというのがいいでしょう。

言葉のゲームは子どもは大好きですから、お母さんが誘ったら、子どもは絶対食いついてきます。

たとえば、頭に「あ」のつく言葉をいくつ書き出せますか？　とか、しりとりの変形版で2文字、3文字という枠を作って最後だけイヌやキツネという文字を入れておいて、初めからしりとりで完成させるとか…。ドライブの車の中で、「しりとり」をやるのもいいですね。また、「体の言葉、よーい、スタート」と言って、「口、鼻、耳……」と、いくつ言えるか数える。それを、野菜、飲み物など、いろんなものでやる。高学年になったら、木偏の漢字を何字書けるか、魚偏はどうか、人偏はどうか、というのもいいでしょう。

言葉のゲームは絶対お勧めです。子どもはゲームを設定してもらうことがうれしいのですね。一度やると、「作って、作って」と催促してきます。こうして言葉の力をつけ、言葉によるコミュニケーション能力もつけていくといいですね。これは、今問題になっている「ひきこもり」を予防することにもなります。

そして、言葉をたくさん覚えさせて、5、6年生になったら、国語辞典はもちろん、漢和辞典のすばらしさを子どもに教えてあげられると最高です。

辞典は無限に遊びを生み出せる魔法のランプです。ただ単に、一つの単語を言って、ヨーイドンで調べて、そこを指差したら勝ちという、引き方訓練をかねた「早引きゲーム」からスタートしてもいいでしょう。慣れてくれば、意味だけ言って、その言葉を推測させ、各自引いてみて、見つかったら、「はい!」と答えさせる「定義→単語さがしゲーム」、「同音異義・異級語さがしゲーム」など、いくらでもゲームを作り出せます。そして、子どもたちはそういうゲームが大好きです。こまめに辞典を引く子、辞典が大好きな子に育てたいですね。

子ども同士の外遊びがひきこもりを予防する

「ひきこもり」には、私も長くかかわってきましたが、いったんひきこもってしまった人を、普通の社会生活へ復帰させるのは非常にむずかしいのです。

だから、ひきこもりにならないように育てるのが一番なのですが、そのためには、子ども同士でたっぷり外遊びをさせるといいのです。けんかして、仲直りして、小さい子も入れてやって、自分たちでルールを作って、いろんな工夫をして楽しく遊べるように考える。これはコミュニケーションの能力を鍛える最高の場です。

小さい頃にそういうことをしてこないまま大きくなってしまうと、仲間と何かするというのがうまくできなくて、面倒くさくなるのです。

人間は毎日誰かと会って、毎日お話をして、毎日共感し合うことで正気を保てる生き物、すなわち社会的動物です。社会を作って、協同してやっていかなけれ

[はみだし 子ども川柳] おばあちゃん いつもほのおの りょうりにん (小2 Y.K.)

ばうまく生きていけない存在なのですが、ひきこもる人はそういうことがただただ面倒くさいのです。そこには人とコミュニケーションすることに非常な困難を感じる、ということがある。だから自分だけの世界にひきこもってしまうのです。

テレビを見る暇があったら外遊びを

だから、小さい頃から、子ども同士でいっぱい外遊びをさせてやればいいのですが、今はそれがずいぶん少なくなりました。

交通事故が怖いとか、変な奴がいるとか、勉強や習い事で忙しいとか、理由はいろいろありますが、子ども同士で外遊びをするということは、子どもの成長にとってとてもいいことなのだ、ということをお母さんたちに知っておいてほしいと思います。

わが子が、「○○ちゃんたちと外で遊んでくる」と言ったら、喜んで送り出してください。

外で遊んでいると、いろんな子とつきあうことにもなります。小さい子がいたら、世話をしてやったり、その子がわかるように話したり、大きい子がいたら、その話を聞いて従ったり……。コミュニケーションの連続です。

そこへいくと、テレビというのは、受身の一方通行ですからね。テレビを見ているヒマがあったら、ぜひ外遊びをさせてください。同じメディアでも、テレビよりはラジオの方が言葉からイメージを思い浮かべるイマジネーションを必要とするので、子どもの脳にはいいのではないかと思っています。

それと、今問題になっているテレビゲーム・パソコンゲームですが、これは大人たちが知恵を絞って、あの手この手でおもしろく遊べるように作ってあるものですから、それに子どもがはまって中毒状態になるのは当たり前です。私はこれらのゲームは、子どもの健やかな成長のためには、「百害あって一利なし」と見ています。

長文読解の前に正確な音読、黙読を

前にも書きましたけれど、長文が読めないというときに、「きちんと読みなさい」と言っても、決して読めるようにはなりません。それは長文を読み取るスキルが身についていないということで、それを丁寧にやらないといけません。

でも、ここはむずかしい部分なのです。国語の指導の中で長文読解とか、算数の長文の文章題をちゃんと読み取る指導というのは、やっぱり壁だと思います。

親と子でやったときに、漢字はできる、ことわざとか四字熟語というのもできる、一緒に読み聞かせもできる、ところが長文読解をきちんとさせるということについては、すごく大変だと思います。だから国語力を伸ばす指導をするとき、そこが一番お母さんとしても苦労する点だろうと思います。

3年生くらいで、ちょっと長い5、6行の問題文が読み取れないというときに、お母さんは、「ここにちゃんと書いてあるでしょ！」と言ってしまう。これがずっと引きずって、高学年になってから出てしまうのです。これこそが国語指導の一つの大きい壁だから、心してかからないといけないでしょう。

音読でちゃんと読めるという段階を踏まえていかないといけないことだし、音声言語段階でちゃんと読むということ、聞き取るということ、それができるということを確認して、「じゃあ黙読で同じことをやりなさい。黙っているから、読んで。はい、じゃあこれ何が書いてあったの？」ということを順番にやっていかないといけないのです。そのあたりは少し時間もかかります。

文章の復唱がきちんとできるようにする。それから、前にも言いましたが、抜けがなくきちんと音読できるようにする。そこでの集中が、そのまま黙読の集中と同じなのです。そういう作業を、丁寧に時間をかけてやらなければなりません。

親は辞書を引く姿を見せていますか?

それから、親が正しい言葉づかいをすることは、当然のことですが大事です。そういう意味では、お母さん自身が自分の言葉づかいが間違っていないかどうか、疑問を感じたら、そのつど国語辞典で調べるようにしてください。そういう親の姿勢が子どもに伝わっていくのです。

子どもは親のまねをしますから、親が国語辞典で調べている姿を普段から見せていれば、ああ、そうすればいいのか、と思うものです。

親が言葉を辞典で調べる習慣がある家の子どもは、やっぱり勉強ができるのですね。私自身の家のことを振り返っても、父親がいつも広辞苑を横に置いて本を読んだりしていました。こういう実物教育は、「広辞苑で調べなさい、広辞苑で」と口で言われるよりも効果的です。

ただ、小学生では、広辞苑のあの厚さが耐えられないでしょうから、小さい国語辞典を子どもに選ばせるといいですね。

親は熟語やことわざをどんどん使おう

「感じる心を伸ばす」というところでも言いましたが、親が日々表現する言葉が、そのまま子どもの言葉になります。

そういう意味で、親は熟語やことわざをたくさん使ってほしいですね。子どもが、試合で勝ってニコニコしていたら、「得意満面」、おやつを一番先に取った子どもに、「先手必勝」、勉強をさぼって悪い点を取ったら、「自業自得」、高級な食材が嫌いな子どもに、「猫に小判」、得意なことに失敗したら、「猿も木から落ちる」、成績が落ちて元気がない子どもに、「後悔先に立たず」、最後に残ったおやつを食べるときに、「残り物には福がある」など、調べればいっぱいあります。そ子どもとのいろんなシーンで使ってみせるというのが親の仕事だと思います。

れを、あくまで遊び感覚で、楽しくやってほしいですね。

ドリルで語彙力をつけさせるのは、話し言葉の語彙が十分に増えてからにしましょう。最初からドリルで言葉を覚えさせようとすると飽きを招くので、あまり効果的ではありません。

親子で俳句、親子でダジャレもいいもんだ

それから、日本の伝統的な文化である俳句や川柳作りも親子でやるといいですね。

最初は5、7、5と字数を合わせるだけでいいのです。それを続けていくうちに、だんだん俳句や川柳らしくなっていきます。字数の制約の中で言葉を選ぶということが、言葉を使う力を鍛えてくれるのです。

前に、ご飯のときに俳句作りをやる家庭があって、そこの子どもを教えたことがあります。そこでは、なかなか味のある俳句ができたようですが、それだけで

はなくて、その子は作文が上手になりました。表現することのおもしろさ、ちょっと気のきいた言い方をする楽しみを覚えたのでしょうね。

それから、言葉遊びと言えば、ダジャレもいいですね。子どもはダジャレが大好きですから、ぜひお母さんもダジャレにチャレンジしてみてください。

お母さんが子どもを遊びに誘って、一緒に遊ぶのが一番いいと思います。上のお姉ちゃんなどが、そういう役をやってくれると、下の子は、確実に国語が得意になります。女の子の方が、言葉の発達が早くて、語彙も豊富ですから。

[はみだし 子ども川柳] おねえちゃん けんかしないで あそぼうね (小2 K.S.)

【子ども川柳用紙のサンプル】

特別企画　ラジオHanamaru　Family　子ども川柳！！

2009年　11月　12日
教室：むさしの
学年：四
名前：明夏未

川柳は、5・7・5の言葉遊び。
テーマは家族！くすりと笑えるような川柳をつくってみよう！！
いくつ作れるかな？3年～6年生の人、挑戦だ！！

例）
- □「ありがとう」なんだか　最近言えてます
- □よっぱらい　変なおじさん　お父さん
- □お父さん　休みの日だけ　ぐうたらだ
- □お姉ちゃん　やさしい日は　神様です
- □お母さん　値段が高いと　買わないよ
- □お母さん　電話に出ると　ソプラノだ
- □おにいちゃん　その一口が　ブタのもと
- □目に涙　口にはおやつ　もう笑顔
- □犬だけど　すぐに分かるよ　笑顔だね

かけっこだ
はりきりすぎて
フライング

よじかん目
おなかのむしが
うるさいよ

どうぶつ園
どうぶつよりも
かきごおり

おかあさん
悪いことしても
おこられず

すこしずつ
ためたおかねを
つかっちゃう

はなまるの
じゅくだいやると
つかれぎみ

少しくらいの字あまりはOK！！

聞く力、話す力は会話で鍛える

あとは、聞く力と話す力ですが、これは会話で両方一緒に鍛えるのが一番です。

親子で会話をするときに、ぜひお母さんにしてほしいことがあります。

たとえば、お母さんが子どもに、「今日は何を食べたの？　学校で何をして遊んだの？」と聞くと、子どもはいろいろ言うでしょう。そういうときに、それだけで終わってしまわないで、逆に聞いてもらうのです。つまり、「お母さんに同じ質問をしてみて」と子どもに言うのです。そうすると、子どもは、「お母さん、今日は何していたの？」というふうに聞いてくれるでしょう。こうするだけで、会話の量が倍になり、豊富になります。

要するに、こっちから、「お元気ですか？」と聞いたら、向こうは、「元気ですよ。あなたは？」と返しますね。英語では、「Fine thank you. And you?」となって、これは会話の決まり文句です。

子どもは、「あなたは?」と問い返すほど成長していないので、お母さんが手助けをして、「同じことをお母さんに聞いてみて」と促すといいのです。それを続けているうちに、子どもは自分から、「お母さんは?」と自然に返せるようになるでしょう。これで、聞く力、話す力がぐっと伸びるわけです。

子どもの頃に、そういうふうに、質問を返すという習慣をつけておけば、会話が切れないで続くことにもなります。

これは、お母さんにぴったりの方法だと思います。

お母さんの表現力が子どもの作文力をアップする

そして、「お母さんは何を食べたの?」と聞かれたら、たとえば、「お母さんはね、お父さんが四国に行ったときのお土産の讃岐うどん。3人前で一つの袋に入っていて、それを取り出して、万能ネギを刻んで……」というように、どう料理して食べたかということを言っていく。詳しく報告するということはこういうことだという見本を示すといいでしょう。

それがどんなにおいしかったかということを比喩で表現したり、何に似ていたかを思い出しながら、イメージをふくらませて話したりしていくと、お母さんも表現力を鍛えられるし、何より、子どものいい作文とか、いい話し方につながります。

こういうイメージ的表現の力というのは、塾や学校で教えられるものではなくて、家庭で実体験を重ねる中で伸びていくものです。そういう意味で、お母さんには、こういうことを意識的にやってほしいと思います。

[はみだし 子ども川柳] お兄ちゃん ねつの日だけは おとなしい (小3 T.M.)

家族で囲む食卓は国語力アップの最高の場

具体的に言うと、家庭での会話の中心になるのは、何と言っても食卓ですから、食卓を大切にしてほしいですね。食卓ではいろんなことが起こり、子どもはここでいろんなことを体験します。

私も昔、きょうだい3人でお皿を1枚ずつもらって、おかずでお子様ランチみたいなものを作って、競い合うというようなことをしましたが、それがすごくクリエイティブな感じがして、とてもおもしろかったという思い出があります。それは今でも忘れられない経験です。こういう経験は、「チンして食べといて」という食卓では得られないものです。

今は外遊びが少なくなって、子どもたちの実体験の場が少なくなりました。その分、家庭での食卓の比重が大きくなったと思います。ですから、できる限り親子で一緒に食べるようにしてほしいのです。

食卓のコミュニケーションには微妙なものがあります。これを食べたいけれど、他の人も食べたがっている、そのとき、どのように言えばいいのかとか、食べたくないとき、人の気持ちを害さないように食べないで済ますにはどうすればいいのかとか、いろいろな言葉のニュアンスを使い分ける必要が出てきます。そういう意味で、家族の食卓は子どもの言葉づかいを自然に鍛えてくれるのです。

ご飯の場というのは、子どもにとって本当に大きな意味を持っています。そこで起こったことを、子どもは克明に覚えています。

私も小さいときに、戦時中に育った父親が、ジャガイモだけは絶対食べなかったのを覚えています。人に、「食べ物は残すな！」と言いながら、自分はジャガイモだけは食べない。食べないジャガイモが並んでいるリアルな情景が私の脳裏に焼きついています。

また、あるとき、お菓子を3人きょうだいで一人1個ずつもらったのですが、なぜかおふくろの分は半分だったのです。私はかわいそうだな、と思ったのですが、おふくろはその半分も、「いいよ、あなたたちで食べなさい」と言って、3

人に分けてくれました。無償のやさしさと言うのでしょうか。これも食卓のできごとでした。

「テレビがうるさくて落ち着いて話ができない」という子どもたち

それから、親子で食事をするとき、やっぱりテレビを消して、親子で会話をしながら食べるといいですね。

20分でも30分でもいいから、テレビを消す時間をあらかじめ決めておいて、食事を会話タイムにする。これは国語力だけではなく、親子の心を通い合わせるためにも、ぜひやってほしいことです。

『「食卓の力」で子どもが変わった！』(室田洋子著・カンゼン刊)という本にあったのですが、とてもおもしろかったので、ここでご紹介します。

最近、ファミレスへ行きたがる小学生が増えているということで、その小学生たちに理由を聞いたところ、異口同音に、「家ではテレビがいつもついていて、うるさい」、「家ではゆっくり話ができない」と答えたそうです。

これには私もびっくりしましたが、一方で、「なるほど」と思いました。子どもたちはテレビより、親子で話をすることを望んでいるのです。

食事どきにテレビをつけたがるのは、子どもより親の方かもしれません。そうだとすると、親が決心すれば、テレビを消して会話タイムにするのは、すぐにもできることですね。

子どもの側が切実に会話を求めている。親に聞いてほしいし、親の話も聞きたいのです。

たしかに、親の方もコミュニケーション力が弱くなっています。親はまさにテレビ世代ですから……。

親と子がお互いにコミュニケーション力を鍛えるという意味でも、テレビをつけっぱなしにしないで、子どもとの会話をもっと大事にしてほしいですね。

食事のとき、いつもついているテレビを消したら、何が起こるか？　いっとき、シーンとしてしまうでしょうね。しかし、その沈黙を最初に破るのは、子どもの方かもしれません。

できる子は食卓で勉強をする

あとは、勉強する環境ということで、お母さんに知っておいてほしいのは、勉強のために子ども部屋を与えて、机を買ってやっても、小学生くらいでは、勉強部屋では案外勉強しないということです。

私は以前調べたことがありますが、勉強ができる子はみんな食卓で勉強しているのです。

お母さんが直接見ていなくても、たとえば、台所で料理をしている、そういうお母さんが近くにいるところが、子どもは一番やる気が出るのです。ちょっとわからなかったらすぐ聞けるということもあるでしょう。

そして、机は結局物置になっている。勉強のできる子はみんなそんなものです。

私も小学生のとき机を買ってもらいましたが、机では勉強しませんでした。小学生段階では、まだどこかでお母さんとつながっていたいという気持ちがあって、身近にお母さんの存在を感じるだけでホッとするのではないでしょうか。いろんな面で、子どもにとって家庭がホッとするような場所であることが基本です。そこでお父さんやお母さんとたくさん会話をする。そういう家では、子どもは自然に勉強したくなるのです。

私がイジメを克服できた一番の力はいつもどおりの家

私は5年生のときに、頭が大きいことで、クラスのみんなにからかわれたことがあります。朝、私が教室に入ると、クラスの全員が、「でこっぱち!」とはやし立てる。

いじめというのは、やっている側は軽い気持ちなのですが、やられている側は死にたくなるほどつらいのです。

このいじめが1カ月ほど続いたある日、転機が訪れました。生徒会で立候補してあいさつに立ったとき、ふとひらめいて、「ボクが頭のでっかい高濱止伸です」と言って、横を向いて見せたのです。とたんに全校生徒が大爆笑。この日から、いじめはピタッとやみました。

この場合も、いじめを克服できた一番の力は、いつもどおりの家なのです。帰ってくると、いつでも母親の無条件の愛情で守られている家なのです。

外でつらいことがあっても、家に帰ると癒される。その繰り返しの中で、自分が強くなって、いつかそのつらさを克服できる。それが食卓を中心とした家の機能だと思います。そして、それを根本で支えているのがご飯なのです。

たとえば、車酔いでふらふらしていても、家に入ったとたんに治ってしまう。あの実感です。

お母さんのご飯を食べることが、精神的な不安を全部流してくれる。それを毎日繰り返して、子どもは強くなっていくのです。

答えを教えるお母さん、考えさせるお母さん

たとえば、子どもが教室を出るときに、先生に何にも言わないで行こうとしたら、お母さんは子どもに何と言うでしょうか？

「さよならでしょ？」と言うお母さんがいる一方で、「あれっ？　何て言うんだっけ？」と言うお母さんがいます。

小さいことのようですが、この違いは大きい。

「さよならでしょ？」と言うお母さんは、子どもに答えを教えてしまっています。「何て言うんだっけ？」と問うお母さんは、子どもに自分で考えることを促しています。

一事が万事。家庭で親と子がやりとりをする無数の場面で、こういうことが積み重なれば、子どもの思考力に大きな差がつくのは当然と言えるでしょう。

お母さんは答えを言ってしまってはいけないのです。問いかけたり、示唆したり、あるいはヒントを与えるだけにとどめておくことです。そして、子どもが答えるのを待ちましょう。

ここでも待つことが大事な働きを持っています。待つ余裕。余裕がないお母さんは待てないで、自分で答えてしまって、それを子どもに押しつけます。子どもは考える前に答えが出てくるので、考える力はまったくつきません。

子どもが小学校に入りたての頃は、多くのお母さんたちが、子どもに問いかけたり、示唆したりして、子どもに考えさせようとするのですが、子どもが答えを出すのが遅かったり、同じ間違いを何度も繰り返したりすると、だんだんイライラし始めて、答えを押しつけてしまうことになるようです。

おわりに

お母さんたちが置かれた状況について

国語力こそが、すべての学力の土台である。その国語力は、家庭でこそ培われる。この考えに基づき、ここまで、家庭でできる具体的な国語力を伸ばす方法を書いてきました。

しかし、最後に注意があります。それは、このような本を参考にして、家庭での指導方法や声かけを変えてみようと、お父さんお母さんが意思されたとしたら、素晴らしいことです。ですが、一つの前提を忘れないでいただきたいということです。

それは、指導の中心になる保護者、何よりもお母さんの心が、安心して落ち着いたものでなければ、意味のないものになったり、むしろ害になったりすることがあるということです。

つまり、「まずは、お母さんの心の安定ありき」なのです。

そうでないと、理想どおりにいかないわが子の状態にキレてしまって、感情まかせの、言わずもがなのNGワードを放ってしまったり、執拗に問い詰めて、逃げ場を無くさせたりして、結局のところ、国語大きらい、勉強大きらいな子にしてしまうのです。

不安定なお母さんは、人の失敗・人の悪いところに目がいきます。できないことをあげつらって、自分の不安定ゆえの毒を、子どもに吐きかけます。悪気はないのですが、そうでもしないと抑えられないイライラにいつも満たされているということです。

これは少しも珍しいことではありません。かなりの数のお母さんが、長子に対してこの失敗をしてしまうなあというのが、現場の感覚です。

それでは、そうならないためには、何が必要でしょうか。

拙著『孤母社会』（講談社刊）に詳しく書きましたが、それは、「母の孤独」に行き着くと考えます。

たとえば戦後すぐの時代とくらべると、地域コミュニティは崩壊しました。子育てといえば、近所のおばちゃんたちが家に入ってきて、「みんなでするもの」だったのに、現代では、「母が一人でするもの」になってしまいました。みんなで抱っこして、たくさんの大人の手で育てた赤ちゃんが、今や子育て初体験の若い女性一人きりの手で育てられます。

支援のない母は、それでも一人でがんばりぬいて、ようやく帰ってきた日本語の通じる相手＝夫に、話を聞いてもらいたい。ところが夫には夫の言い分があって、家族のためにヘトヘトになって働いてきて、疲れていて、余裕がない。

それに輪をかけて、男性と女性では、「話す」と一言で言っても、求めるものが違いすぎる。男性は「問題点」と「解決法」を探そうとする。「要するに……」「結論は……」と論理的に考えたがる。ところが女性は、そんな会話を求めていない。ねぎらいと思いやりをこめて聞き続けてほしいと思っている。こういう男女のすれ違いがあり、結果、よい夫婦の会話にならない。日本中に蔓延した相当深刻な事実です。

夫が「聞き手」として役に立たないとわかった女性は、それでも気丈に一人でがんばろうとするのですが、孤立感、孤独感はつのるばかり。どんどん不安定になっていくのです。そして、「パパ今日も遅いねえ」と、自ら気づかずに、夫のグチを子どもに言い始めるのです。

『孤母社会』で書いたのは、このような「地域崩壊の中での、母の孤独」が、すでに第二世代になっていることです。第二世代は、「母とは、孤独で夫のグチを言いながら子どもを育てるもの」ということを、内面化してしまっている。だから、「周りの人に子育てのことで頼る」ということができないということです。

わが子の国語教育の前に、まずはこのことに、何としても気づいていただきたいと思います。子育て費用の負担だけではなく、お母さんの孤独・孤立に手を差し伸べるようなシステム構築を、社会全体でやることが大事ですし、夫たるもの、「わが子の健やかな成長のため」にこそ、まずは妻の心の安定に貢献すべきだと、私は考えます。

この本が、子どもの国語力を共に考える、夫婦の協力の一つのきっかけになり、よりよい子育てに貢献できれば幸いです。

最後に、この本は、四十塚佑二氏の力なくしては、全く形にできませんでした。丁寧に真摯に話を聞いてくださり、だらしない私に、いつも温かい肉筆のお手紙を添えて、叱咤激励してくださいました。ここに、深く感謝いたします。

高濱正伸（たかはま・まさのぶ）
1959年熊本県生まれ。東京大学・同大学院卒。
1993年同期の大学院生たちと小学校低学年向けに「作文」「読書」「思考力」「野外体験」を重視した学習教室「花まる学習会」を設立。算数オリンピック委員会理事も務める。同会が野外体験のため毎年取り組んできたサマースクールや雪国スクールは人気が高く、生徒以外の申し込みも多い。さらに生徒の父母向けに行っている講演会は、毎回キャンセル待ちがでるほどの盛況ぶりである。また、長野県青木村の青木小学校で、月1回、各学年向けに「思考力」の授業を行っている。
著書に、『読む・書く力を鍛える日本語トレーニングプリント』(PHP)、『考える力がつく国語なぞペー』（草思社）、『中学受験合格パスポート』（学研）、『小３までに育てたい算数脳』（健康ジャーナル社）、『「生きる力」をはぐくむ子育て』（角川ＳＳコミュニケーションズ）、『孤母社会　母よあなたは悪くない』（講談社）など多数。

花まる学習会
http://www.hanamarugroup.jp/

本文デザイン／寒水 久美子
本文イラスト／ほり みき
DTPオペレーション／株式会社明昌堂

全教科の成績が良くなる
国語の力を親が伸ばす

発行日　2010年２月18日　初版
　　　　2013年４月24日　第3刷　発行

著　者　高濱 正伸
発行人　坪井 義哉
発行所　株式会社カンゼン
　　　　〒101-0021
　　　　東京都千代田区外神田2-7-1　開花ビル4Ｆ
　　　　TEL 03（5295）7723
　　　　FAX 03（5295）7725
　　　　http://www.kanzen.jp/
　　　　郵便振替 00150-7-130339
印刷・製本　株式会社リーブルテック

ISBN 978-4-86255-054-5
Printed in Japan
定価はカバーに表示してあります。

ご意見、ご感想に関しましては、kanso@kanzen.jpまでEメールにてお寄せ下さい。お待ちしております。

やさしい気持ちになれる子育てのことば
0〜6歳は甘えて育つ

育児に確かな方針を

〈目からウロコが落ちました〉〈やさしい気持ちになれました〉〈子どもがかわいくなりました〉〈もっと早く読みたかった〉1万通以上の熱い共感のハガキが寄せられた平井信義のたくさんの子育ての本の中から、0歳から6歳の育児に大切な「ことば」を精選して収録した最新刊。50年にわたる実践から生まれた間違いのない育児方針がここにあります。

平井信義 著　海野洋一郎 編

定価：1,260円（税込）ISBN978−4−86255−047−7

あふれるまで愛をそそぐ
6歳までの子育て
子どもの心にひびく愛・ひびかない愛

実例でわかる、親の愛の伝え方

一見ふつうの子が「甘え不足症候群」ということがよくあります。親は愛しているつもりなのに、それが子どもには伝わっていないのです。でも、親の愛が伝わったとき、子どもはたちまち変身します。子どもの心にふれる的確な伝え方が、実例ではっきりわかります。

NPO法人子どもの教育　幼児部門代表
本吉圓子 著

定価：1,365円（税込）IISBN 4-901782-87-8

人間関係のいい子に育てる本
「友達に好かれる子」にするために親ができること

人間関係力を育てる初めての本

子どもたちのストレスNO.1は友達関係の悩みです。いじめ、友達ができない、人とつきあうのがイヤ…。友達と上手につきあえる子に育てるには、親はどんなことに気をつければいいのか？　熟練のカウンセラーが豊富な体験をもとに具体的な育て方を提案します。

東京心理教育研究所所長　認定カウンセラー
金盛浦子 著

定価：1418円（税込）ISBN 978-4-901782-94-4

子どもは和食で育てなさい

心と体を元気にする食育のススメ

イライラする、すぐカッとなる、落ち着きがない──子どもの心と食事の驚くべき関係を実証。今の子どもに必要な食事を具体的に示す。

医学博士　NPO法人 日本食育協会理事
鈴木雅子 著

定価：1,365円（税込）ISBN 4-901782-57-6

子育てマンガ

「心の基地」はおかあさん

やる気と思いやりを育てる親子実例集

子育ての基本がすべて収められた、140万部突破のベストセラー『「心の基地」はおかあさん』があたたかく実感あふれるマンガになりました。

大妻女子大学名誉教授
医学博士
平井信義 原作／大谷美穂 マンガ／海野洋一郎 編

定価：1,260円（税込）ISBN 4-901782-77-0

子育てマンガ

すてきなお母さんになるシンプルな3つの方法

自分を育てる初めての親業

子どもの本音が聞ける！　親の思いが伝わる！　親子の対立を解決！　世界46ヵ国500万人以上が学んでいる親業をマンガで学ぼう。

親業訓練協会特別顧問
近藤千恵 原作／大谷美穂 マンガ

定価：1,344円（税込）ISBN 4-901782-91-6

子どもをしあわせにする「笑う子育て」実例集

親が笑う子どもが笑う

「笑う子育て」は親にいい、子どもにもいい。笑いのある家庭には心も体も健康な子どもが育ちます。親の一番大事な役割は子どもを安心させ、笑顔にすること！　ユーモア教育の第一人者が「笑顔になる子育て」を数多くの実例からお教えします。

白梅学園大学子ども学部准教授
増田修治 著

定価：1,365円（税込）ISBN 978-4-86255-035-4

0～1歳半 今日から赤ちゃんとお話ができる！

やさしいふれあい体話術

お話ししながらおむつ替え

赤ちゃんはママの話や表情、心の動きを驚くほど敏感にキャッチするアンテナを持って生まれてきます。言葉が話せない赤ちゃんでもママの言葉はちゃんと伝わっているのです。ママと赤ちゃんがすぐに心を通い合わすことができる「ふれあい体話術」でしあわせなスタートを。

阿部秀雄＆子育てを一から見直すプロジェクト 著

定価：1,365円（税込）ISBN 978-4-862550-73-6

1～6歳　成功する！

しつけの技術

叱らなくても大丈夫

叱っても、叩いても、しつけはうまくいきません。親が子どもをしっかり支えてあげれば、子どもは自分からしつけを受け入れてくれるのです。

癒しの子育てネットワーク代表
阿部秀雄 著

定価：1,365円（税込）ISBN 978-4-86255-019-4

お母さんのイライラがニコニコに変わる

魔法の子育て カウンセリング

「おとな心」の親になるために

お母さんのイライラにはわけがあります。子どもの頃に満たされなかった「インナーチャイルド」が、癒されることを求めて泣いているのです。

癒しの子育てネットワーク代表
阿部秀雄 著

定価：1,365円（税込）ISBN 4-901782-70-3

0～6歳 育児を楽しくするママたちの声

子育てしながら輝いて生きる

悩んだとき、私はこうして乗り切った

子育ては自分を育てるチャンスです。そのチャンスを生かして、子どもとの暮らしを楽しみながら、趣味や仕事にチャレンジするママたち。そんな実体験をもとにママの目線で作った、お母さんが元気になれる本です。お母さんの心に寄り添う「子育てほっとマンガ」付き。

NPO法人ままとんきっず
有北いくこ＆スタッフ 著

定価：1,365円（税込）ISBN 978-4-86255-081-1

お求めは全国の書店にて。購入に関するお問い合わせはカンゼンまで。

株式会社カンゼン　〒101-0021　東京都千代田区外神田2-7-1　開花ビル4F
TEL 03-5295-7723
✉ info@kanzen.jp　http://www.kanzen.jp/

カンゼンでは、書籍に関する企画・原稿をひろく募集しております。まずはメールにてお問い合わせください。